臆病な
金融ド素人が
お金を増やそうと思ったら。

経済評論家
加谷珪一

WAVE出版

はじめに

今後の人生設計を考えたとき、年金など社会保障制度だけに頼ることができないという現実は、多くの人にとって共通認識となっています。

しかしながら、老後に備えて何か対策をしなければいけないことはわかっていても、具体的に何をどうすればよいのかについてはさっぱり、という人がほとんどでしょう。

これまでは、デフレの時代が長く続いてきましたから、資産運用についてはそれほど積極的になる必要はありませんでした。物価が下がり続ける時代においては、現金に勝る資産はなかったからです。

ところが世の中の状況は大きく変わりつつあります。

政府と日銀は、あえてインフレにしようという政策（量的緩和策）を試みました。この政策は、あまりうまくいきませんでしたが、もう少し長い目で見た場合、日本がインフレになっていく可能性は高まっていると見てよいでしょう。

詳しくは本文で解説しますが、もしインフレが進んだ場合、銀行預金だけに頼っていると実質的に貯金を失ってしまう結果となりかねません。

これまでは投資というと、積極的に資産を増やすというイメージが強かったと思いますが、これからは違います。資産を減らさないようにするために、そして一定水準以上の生活を維持するために、投資について真剣に考える必要があるのです。

本書は、資産運用に興味関心があるものの、漠然とした不安があって最初の一歩を踏み出せずにいる「臆病な金融ド素人」の方を対象にしています。投資というものが何なのかよくわかっていない、ということを大前提に、投資のイロハについて解説しました。

投資にもいろいろなやり方があるのですが、おそらくこの本を手に取っている人は、老後の対策をしっかりしておきたい、銀行にお金を預けるだけの状態から一歩踏み出したいといった、堅実な目的を持っているのではないかと思います。したがって、大きなリスクを取って大きく儲けるような大胆な投資手法については触れていません。

無理なく少しずつ投資を進め、コツコツと長期で資産形成することを望む人にとって有益となる話を書きました。

本書を通して読んでいただければわかると思いますが、株式投資をすることも、保険に加入することも、そして、マイホームを買うことも、すべてが金融商品の購入ですから、同じ理屈で考える必要があります。

個人の資産形成がうまくいかない人の大半は、貯金は貯金、投資は投資、保険は保険、住宅ローンは住宅ローンとバラバラに考え、そして、バラバラに行動してしまいます。しかしこれらはすべて金融に関わる話ですから、個別に検討してはいけないものです。

これらを一体として考えることができるようになれば、個人の資産形成能力は飛躍的に向上し、ムダな支出が減り、有益なことのためにお金を使えるようになるはずです。本書はその有力なヒントとなるでしょう。

本書は全部で6つの章で構成されています。

第1章では、これからの時代はどうなっていくのか、なぜ投資に取り組む必要があるのかについて解説しました。もしインフレになった場合、銀行預金だけでは損をしてしまうというメカニズムが理解できると思います。投資というものがそれほど危険な行為ではないということもおわかりいただけるでしょう。

第2章では、資産運用にはどのような種類があるのか解説しました。

ひとくちに資産運用といっても様々な種類がありますが、ここでは、株式、債券、金、不動産、FX（外国為替証拠金取引）を取り上げました。それぞれどのような特徴があるのか、わかりやすくまとめました。

この中で初心者が最初に取り組むべきなのは株式投資です。FXは簡単なイメージがありますが、実はかなり難しい商品で、投資に慣れた人以外は取り組むべきものではありません。債券も実は初心者には向きません。

第3章は、多くの人にとって中心的な投資対象となる株式についてまとめてあります。株式投資は本当のところ、どのくらい儲かるものなのか、リスクはどのくらいあるのかについて解説しました。

株式投資は、会社の経営に参画するという行為ですから、今後、どのようなビジネスが伸びるのかという視点がとても大事です。よく知っている身近な企業に投資をするというのも、ひとつの有力な選択肢となります。

第4章はマイホームの話です。

どのような理由で家を買うにせよ、マイホームは不動産ですから、それはれっきとした投資になります。持ち家がよいのか、賃貸がよいのかという話は、神学論争のようになっていますが、厳密には両者を比較することはできません。

ここでは家を買うということがどういうことなのかについてわかりやすく解説し、家を買うならどう判断すべきなのかまとめました。

第5章は保険です。

保険という商品は、人の死など、あまり起こってほしくない出来事が、どのくらいの頻度で発生するのかをお金に換算した冷酷な商品です。あまり気分のよい話ではありませんが、逆にそうであればこそ、イザというときに、自分の身を守ってくれるわけです。

イザというときは、具体的にどんなときなのか、そのときには、どのくらいお金が必要なのかが事前にわかれば、保険の選択であまり迷う必要はありません。この章を読めば、実はそれほど保険にお金をかけなくてもよいことがわかるでしょう。

第6章は、具体的な運用についてです。

これからの時代は貯金の代わりに、コツコツと投資を積み上げていくのが最善であると筆者は考えます。まずは緊急事態用の資金として１００万円を貯金し、その後の余裕資金は投資として積み立てていきます。株が下がったときの心がまえなどについても記載しました。

本書では何度も指摘しているのですが、実体験に勝るものはありません。少額でもよいですから、まずは自分でやってみることが重要です。経験を積んでいけば、確実に投資の腕は上達し、気がついたときには、大きな額の資産を手にしていることでしょう。本書はそのための参考書と思ってください。

臆病な金融ド素人がお金を増やそうと思ったら／もくじ

第1章　どうして投資が必要なの？

第2章

資産運用にはどんな種類があるの？

第3章

株式投資のイロハ

第4章

マイホームはどう考えたらいいの？

第5章

保険はどうしたらいいの？

第6章

具体的にはどのような投資がいいの？

ブックデザイン　小口翔平＋山之口正和＋喜來詩織（tobufune）
イラスト　ヤギワタル
本文DTP　NOAH
校　正　鴎来堂
編　集　岡本弘美

第1章

どうして投資が必要なの？

銀行預金だけでは危険なの？

コツコツ投資が資産形成のコツ

「銀行預金だけでは、これからの時代を乗り切ることはできない」

こうしたフレーズを耳にしたことがある人は多いと思います。

本書は「投資」に関する本ですから、読者の皆さんの多くは、投資について何らかの関心を持っているはずです。

銀行預金だけではダメだという話はウソではないのですが、こうした勇ましいキャッチフレーズのウラには、ビジネス上の意図が隠れている場合がよくあります。もっと具体的に言えば、投資に関連した金融商品を売りたい金融機関の意向が反映されているかもしれないのです。

実際、「投資に取り組みましょう」という話の中には、金融機関の利益を代弁したものも少なくありません。**投資信託などを販売する人にとっては、買った後に投資家が損をしようが関係ありません。** とにかく商品を売ってしまえば、手数料が入りますから、その分だけ儲けになるわけです。

アパートなどの不動産投資も同じです。

一棟もののアパートなどは場合によっては億単位の値段となりますから、これを販売できれば、不動産会社には多額の手数料が入ります。その後、買った投資家が空室で苦しんだとしても、不動産会社にとってはどうでもよいことです。

世の中は基本的に自己責任ですから、こうした口車に乗せられて商品を買い、損をしてもそれは自分が悪いのだと言われておしまいです。

こうした現実から「投資をしよう」という話がデタラメだと考える人がいるのも無理はありません。

しかし、筆者はそれでも、**これからの時代は投資に積極的に取り組む必要があると考えます。その理由は、近い将来、日本でもインフレが進む可能性が高くなっているからです。**

筆者がビジネス上の理由からこうした主張をしているのではないということを示すために、少し筆者自身のことについてお話ししたいと思います。

筆者は大学卒業後、ジャーナリストしてキャリアをスタートし、その後、金融機関に転職をして投資の仕事に従事しました。30歳で独立し、コンサルティング会社を経営する傍ら、株式と不動産への投資を継続的におこない、億単位の資産を作ることに成功しました。

現在の筆者の仕事は経済評論家ですが、株式や債券、不動産の投資は継続していますから、現役の個人投資家でもあります。

筆者は、アナリストやエコノミストとして金融機関に所属して、そこから対価を得ているわけではないので、筆者の主張は独立した経済評論家としての、そして個人投資家としての判断に基づくものとなります。

あえて利害関係をあげるなら、筆者自身も、自分のお金を投資に回しているということくらいでしょうか。

積極的に投資に取り組んだほうがよいという筆者の主張には、こうした背景があることをご理解ください。

筆者自身の資産を守るという意味でも、読者の皆さんの資産形成を応援するという意味でも、これからの時代は投資をコツコツ積み上げていくことが大事だと考えています。そのための具体的な方法をまとめたのが本書です。

インフレってそもそも何？

銀行預金が実質的に減ってしまう

読者の皆さんの多くが、インフレとデフレという言葉を何度も耳にしているのではないかと思います。しかし、その言葉の意味を正確に理解している人は、それほど多くないでしょう。

メディアの記事でもインフレ、デフレという言葉はよく出てくるのですが、記述が不正確だったり、誤った解釈をしたりというケースも少なくありません。専門家ではない読者の皆さんが「意味がよくわからない」と思うのは当たり前のことなのです。

これまでの時代なら、それでも何の問題もなかったのですが、今後、自身のお金を守っていきたいと真剣に考える人にとってはそうとも言えなくなってきました。近い将来、日本がインフレになる可能性が高まっており、もしインフレになった場合には銀行預金をしていると大きな損失になってしまうからです。

インフレの時代が到来すると、何もせず、ただ息をしているだけで銀行預金が実質的に減ってしまうという恐ろしいことが起こってしまいます。

先ほども説明した通り、筆者は経済評論家という肩書きで言論の仕事をしていますが、一方で、億単位の自己資金を投資する個人投資家でもあります。一方的に不安をあおるようなことを言うつもりもありませんし、実際に自分のお金を投資していますから、言うだけ言って、あとは知らない、という立場ではありません。

それでも、あえて少し不安をあおるようなことを言うのは、若い世代の人を中心に、多くの人がインフレの恐ろしさをよくわかっていないと感じるからです。

インフレとは、物価が年々上がり続ける状態のことを指します。今年250円だったコーヒーは、来年は270円になり、再来年は300円になるといったイメージです。

物価が上がっても、その分、給料も上がっていけばよいのですが、たいていの場合、そうはならず、物価だけが上がって、給料はなかなか上がらないという状態が続きます。**給料がそれほど上がらないのに、モノの値段が上がるわけですから、当然、生活は苦しくなります。**

日本では、過去20年間、インフレの反対、つまりデフレが続いており、物価は上がらないというのが常識でした。しかし世界的に見ても、そして歴史的に見ても、デフレが20年以上続くということは極めてまれです。

筆者は占い師ではないので、将来を予言することはできませんが、物価が下がるのは当たり前という感覚は「非常識」だという現実については、よく理解しておく必要があると考えています。

今はまだ明確にインフレになっているわけではありませんが、あちこちでその兆候は現れています。

インフレになった場合には、お金を運用していないと、損がどんどん膨らんでいきます。資産運用というと儲けるためにおこなうというイメージが大半なのですが、**インフレの時代には、お金を守るために運用が必要となるのです。**

そのときになってあわてないよう、ゆっくりでよいですから、今の段階から準備をしておくことが重要です。

何事においてもそうですが、しっかりと下調べをして、準備を整えてから取り組むことで失敗を減らすことができます。投資についてもそれはまったく同じことがあてはまります。

最近、お菓子の内容量が減っているのはなぜ？

隠れ物価の上昇に目を光らせる

インフレやデフレといった物価の動きを判断するには、通常、消費者物価指数という経済指標が使われます。しかし多くの人にとって、「消費者物価指数の総合指数が前年同月比で何％になった」などと聞かされてもピンとこないでしょう。

しかも、現実のインフレは、翌月にすべての商品が1割値上げされているといったわかりやすい形では進みません。**実際のインフレは潜水艦のように、見えない形で私たちの生活にジワジワと影響を与えてきます。**

先ほど筆者は、インフレの兆候はすでに出ていると書きましたが、その代表的な例が商品の内容量の削減です。**多くの人が、お菓子や洗剤など毎日購入する商品の内容量が減っていることに気づいていると思います。**

原材料のコストや人件費が上昇した場合、同じ値段で商品を販売してしまうと企業の利益は減ってしまいます。企業は、従来の利益水準を維持するため、商品の値段を上げていくことになりますが、これが連鎖的に進むとインフレになるわけです。

ところが景気が悪く消費が弱い状態では、値段を上げてしまうと、お客さんは商品を買ってくれません。このような場合、**企業は苦肉の策として、値段は据え置き、内容量を減らすという措置を取ることがあります。今、多くの商品で内容量が減らされているのはこうした理由からです。**

しかし、以前は200グラム100円だったお菓子を150グラム100円で売るわけですから、実質的には値上げしたことと同じになります。消費者物価指数はこうした販売側のテクニックについてもある程度、織り込むようになっていますが、すべての商品を網羅しているわけではありません。こうした措置がすぐに経済指標に反映されるとは限らないのです。

そうなってくると、経済指標の上では、**物価が横ばいになっているように見えて、実際には物価が上がっているという現象が起こってしまいます。**

同じような例はクルマにも見て取れます。

クルマは数年おきに必ずモデルチェンジしますし、オプションでいろいろな装備をつけられますから、同じ車種、同じ装備のクルマの値段がどう推移したのか追跡することはほぼ不可能です。しかしメーカーの決算を見れば、クルマ1台をいくらで売っているのか、おおよその値段を推定することができます。

例えばトヨタ自動車における昨年の平均販売価格（売上高を販売台数で割った単純平均）は310万円でした。しかし20年前の平均価格は180万円でしたから、実は20年間で1・7倍に値上がりしているのです。

この間、日本では一貫してデフレが続き、物価や給料は下がり続けてきました。しかし、**自動車は完全にグローバルな商品ですから、日本国内の事情とは関係なく価格が決まります。**クルマはしょっちゅう買う商品ではないので多くの人は価格が上がっていることに気づきません。筆者はこれを「隠れ物価上昇」「ステルス物価上昇」と勝手に呼んでいます。

円安が進んで物価が上昇していることに加え、最近では人手不足が深刻になっており、アルバイトやパートの時給が急上昇しています。これも企業にとっては利益を減らす要因ですから、どこかで価格に転嫁しなければなりません。

内容量を減らして見かけ上の値段を据え置くといった「ごまかし」もそろそろ限界に来ています。商品の値段や内容量の変化については、敏感になっておく必要があるでしょう。

インフレになると貯金が減るの？

額面そのままで価値は目減り

先ほど筆者はインフレになると、何もしなくても貯金が減ってしまうと書きましたが、預金の額面が減るわけではありません。１００万円あった銀行預金の残高が、来年には90万円になってしまうということではないのです。

しかし、インフレが進行すると、事実上、これと同じことが起こります。もう少し詳しく説明してみましょう。

インフレの時代になると、今年１００円だった商品は、来年は例えば１１０円になります。１割値段が上がっていますから、物価上昇率は10％です。つまり**今年１００円で買えたものは、来年は１１０円出さないと買えないわけです。**お金の燃費が悪くなるとでも言えばよいでしょうか。

ここで銀行預金について考えてみましょう。

今年、銀行に１００円を預けたとします。金利が２％だとすると、来年の預金は１０２円です。物価が何も変わらなければ、預金をした分、私たちは２円得することになります。多くの人はこのごくわずかな金利でお金を増やそうとしているわけです。

ところが先ほどお話ししたように、来年、物価が10％上がっているとしたらどうでしょうか。今年１００円で買えたものは、来年は１１０円出さないと買うことができません。しかし銀行預金は１０２円にしかなっていませんから、来年は8円分、損してしまいます。

つまりインフレの状態が続くと、銀行に預金しているお金は、数字の絶対値としては減りませんが、相対値としては減っていることと同じになるのです。

１９７０年代から80年代にかけての米国では、インフレがかなり進行し、20年間で物価は3倍以上になりました。

ということは、今年１００万円だったものは、20年後には３００万円になっている計算です。１００万円の貯金をし、20年後にそれを使おうと思っても、１００万円では3分の1しか買うことができません。つまり銀行預金の残高は、実質的に3分の1に減ってしまったわけです。

インフレになると息をしているだけでお金が減っていくというのは、このような意味です。

冷静に考えてみると、これは恐ろしいことです。

一生懸命働いてお金を貯めても、貯金の実質的な価値は年々減ってしまいます。栓をしていないお風呂にお湯を溜めるようなものですから、いつまで経ってもお風呂にお湯は溜まりません。しかも、見かけ上の金額は減るわけではありませんから、人によってはお風呂の栓が抜けていることに気づかないのです。

インフレはたいていの場合、ジワジワと進みます。メディアの記事も、最初のうちは、消費者物価の上昇率が何%だったといった具合に、無味乾燥なものがほとんどでしょう。メディアでインフレについて大騒ぎし始めるのは、多くの人がインフレの恐ろしさに気づいたときですが、そのときにはタイミングとしてはすでに遅すぎるというケースがほとんどです。

何をするにしても、まとまったお金を持っていることは極めて重要なことですが、インフレはその大事な軍資金を知らない間に溶かしてしまうのです。

多くの人が、インフレになんてならない、と考えているうちに行動に移さなければ、自身の資産は守れません。

インフレに
なったときは
どうすれば
よいの？

現金や銀行預金を持ち続けるのはダメ

インフレになったときに絶対にやってはいけないのが、現金や銀行預金を持ち続けることです。**インフレによって現金の価値がなくなってしまう前に、物価の上昇に合わせて価値が上がっていくものに変えておかなければなりません。**

物価の上昇に合わせて価値が上がっていくものとしては、不動産、株式、外貨などがあります。同じ金融商品でも国債のように現金に近い商品はダメです。物価に連動するタイプの商品を除いて、債券に投資するのは避けたほうがよいでしょう（金融商品についてはのちほど詳しく説明します）。

高級時計などのブランド物も価値が上がっていきますが、よい条件での換金が難しかったり、商品ごとの差が大きかったりという問題がありますから、その分野に詳しい人以外は、資産保全手段として購入するのはお勧めできません。

結局のところ、**インフレのときに最適な投資先というのは、株式、不動産、外貨**ということになりますから、一般的な投資対象と大きく変わるわけではないのです。逆に言えば、インフレが進むかどうかに関わらず、着実に投資を続けている人は、インフレになってもあわてずにすみます。

ただ、本当にインフレになった場合には、投資する先については少しだけ注意する必要があります。

例えば株式の場合、**景気がよくて株価が上昇しているのであれば、基本的にどの会社の株を買っても株価は上がります（業績が悪い会社は除く）**。

しかし、インフレで株価が上がるという場合には、会社が儲かっているからではなく、資産を保全できると皆が考えるので株価が上がるというメカニズムになります。

したがって、会社としての資産価値が高いかどうかが評価の分かれ目になります。

例えば不動産会社のように優良な土地をたくさん持っている会社のほうが株価は上がりやすくなるでしょう。

また外国でビジネスをしている企業の株価も上昇します。ドルやユーロでビジネスをしている企業は、日本国内のインフレとは無縁だからです。

またインフレに強い業種、弱い業種という区分も出来上がってくるでしょう。

インフレが発生すると、実質的に給料が減りますから、国民の消費も低迷する可能性が高くなります。

そうなってくると、宝飾品などの高額商品は売れにくくなります。一方、生活用品などはどんなにインフレが進んでも、毎日の生活に必要ですから、消費が減ることはありません。高額商品を扱う企業の株価は低迷し、逆に生活用品関連の株価は上昇しやすくなります。

不動産も同じです。

景気がよければ、全国どこでも土地の値段は上がりますが、インフレのときはそうとは限りません。資産価値が特に高いと考えられる地域の土地の値段が過剰に上昇することになります。

具体的には**東京都心や地方中核都市の土地の値上がりが大きいでしょう。東京でも郊外で不便な場所の土地は思ったほど上がらないことがありますから要注意です。**

外貨についても、信用の高い通貨であれば、基本的に動きは同じになります。現在の市場環境においては、インフレ対策として購入するのであれば、やはりドルかユーロということになります。

順番としては**まずは為替（外貨）が反応し、次いで不動産、そして株価が上昇するという流れ**になる可能性が高いと思ってください。

日本の年金が危ないというのはホント？

一生働き続けることが前提の時代

これまでインフレがもたらす影響について解説してきましたが、インフレをことさらに取り上げたのは、継続的に投資を続けることの意義について理解する材料として、インフレが最適だと思ったからです。

インフレになる、ならないにかかわらず、**これからの時代は、リスクを管理しながら、継続的に投資を続けていくことが極めて重要になる**と筆者は考えます。

成長が続いた昭和世代の人は、何もしなくても、毎年、生活水準が向上していきました。また日本の年金制度もここまでのほころびは見えていませんでしたから、保険料を納めた分だけ、年金をもらえる人が多く、老後の生活も何とかなる人がほとんどだったわけです。

しかし、これからの時代はそうはいきません。

給料が右肩上がりではないことや、退職金に期待することができないというのは、若い世代の人にとってはもはや常識になっていると思います。多くの人にとって最後の砦とも言える年金もかなり厳しい状況です。

日本の年金については様々な見解があり、本当のところはどうなの？　と多くの人が感じていると思います。一部の識者は「日本の年金は絶対に破綻しない」と断言しており、年金が危ないと指摘する人に対して「過度に不安をあおっている」と批判しています。しかし、筆者に言わせればこの論争は不毛です。

日本の年金は賦課方式と呼ばれ、現役世代が納付する保険料で、高齢者の生活を支える仕組みになっています。自分が納めた年金保険料を将来受け取るという仕組みではありません。したがって理論上は、保険料を支払う現役世代の人が、ゼロになってしまうまで制度上は存続できます。識者が言うように日本という国がなくならない限り、制度が破綻することはありません。

しかし、**保険料を納付する人がごくわずかしかおらず、年金を受け取る人が何千万人もいるという状況では、実質的に年金としては機能しません。**日本の年金が危ないと指摘している人は制度が破綻することを心配しているのではなく、年金として実質的に機能しなくなる可能性を問題視しているのです。

現在、日本の公的年金は、徴収する保険料よりも、高齢者に給付する年金のほうが上回る赤字財政となっています。

足りない分については、税金から補塡したり、積立金の運用益でカバーしたりしていますが、赤字幅が拡大するのはほぼ確実な状況です。公的年金が制度的に破綻することはありませんが、納付する保険料は年々上昇し、一方、受け取る年金は年々減っていくと思って間違いないでしょう。

今、20代や30代の人が年金を受け取るころには、年金だけで老後の生活をカバーするのはかなり難しいと考えたほうがよさそうです。つまり、これからの時代は一生働き続けることを前提に、人生設計をおこなう必要があります。

実際、政府も大きな声では説明していませんが、国民が生涯労働することを前提とした制度設計を徐々に進めています。

しかし生涯労働といっても高齢者になってからの仕事がキツくなるのは当然のことです。マイペースで仕事を続けられるかどうかは、資産運用をどれだけ上手におこなっているかにかかってきます。

継続的に投資を続けていくことが重要だと筆者が主張しているのはこうした理由からです。

なぜ若いうちから投資経験が必要なの？

投資も経験を積めば上手になる

これまでの時代は、定年まで働き、その後は年金で暮らし、足りない分については退職金を取り崩していくというのが標準的なスタイルでした。しかし、先ほどから解説しているように、こうした昭和型の人生設計は成立しなくなっています。

基本的に年金の額は減っていきますから、**老後の生活については、年金に頼るのではなく、可能な限り働き続けるということが当たり前となるでしょう。**

老後は貯蓄を取り崩して生活するという考え方も望ましくありません。日本人の寿命はさらに延びる可能性が高く、貯蓄を取り崩してしまうと、その後の生活が一気に苦しくなるからです。

これからの老後は、基本的に働き続け、それでも足りない部分について、年金と投資で得られた利益でカバーするというのが、もっとも継続性のあるやり方ということになるでしょう。投資についても決して無理をしてはいけません。

労働も投資も継続が大事であり、生活が維持できる範囲に支出を抑えていくことが大事です。

要するに生涯労働、生涯投資、生涯倹約がこれからの基本となります。

そうであれば、投資もできるだけ早いうちからスタートし、経験を積んでおくことがより重要となってくるでしょう。

退職金や親からの相続などでまとまったお金を手にし、それをきっかけに、いきなり投資をスタートする人をよく見かけます。しかし、こうしたやり方はあまりお勧めしません。これは、キャッチボールもきちんとできないのに、野球の試合に出るようなものだからです。

筆者自身の経験からも断言できますが、スポーツや習い事など、他の分野と同様、投資というものは、一定の経験を積み、あらゆる状況に対応する訓練を積んでいないと確実に失敗します。

投資も経験と日頃のトレーニングがモノを言う世界です。

投資の経験がないのに、退職金や遺産相続をきっかけにいきなり高額の投資に踏み切るというのは、かなり危険なことだと思ってください。

また自分に合うスタイルと合わないスタイルというものがあり、自分にぴったりな投資スタイルを確立するまでには、かなりの時間がかかります。そうした意味でも、若いうちから経験を積むことはとても大事なことなのです。

筆者は、多くの人にできるだけ早く投資をスタートしてほしいと考えています。今は10万円くらいのお金があれば、十分に投資ができますから、大金を貯蓄する必要はありません。むしろ将来、貯金が貯まったときのことを考え、今すぐに投資を始めることが重要です。

最初の軍資金は授業料ですから、場合によっては失ってしまうことになるかもしれません。それでも、経験を積んで上手になるためには、ある程度の失敗は避けて通れないものです。

こうした訓練を積んでいけば、徐々に慣れていき、より大きな金額も動かせるようになってくるでしょう。

理想的なのは、日常的に投資をおこない、給料はできるだけ消費せずに軍資金に回していくというライフスタイルです。定期預金を積み上げる感覚で、投資を積み立てていくと考えればよいでしょう。

労働、貯金、投資という流れをずっと続けていくことができれば、一生涯、それなりに豊かな生活を送れるはずです。

投資って危険じゃないの？

年利６％はそれほど難しくない

投資を継続することの意味はわかったけれど、やっぱり投資は危ないのでは？　と思った人も多いでしょう。実際、投資にはリスクが伴いますから、確実に資産を増やせる保証はありません。下手をすると投資したお金がなくなってしまいます。

リスクとリターンは必ず比例しますから、どうしてもリスクを取りたくなければ投資しないという選択肢しかありません。

しかしながら、先ほどから説明しているように、**投資しないことにもリスクがあり、これからの時代は、何もしなければ、何も失わない、というわけにはいかなくなります。**

また実際、投資をしてみるとわかると思いますが、投資というものは、借金をせず、銘柄をしっかりと選べば、それほど危険なものではありません。

ここでひとつの例をあげてみましょう。

過去30年間、毎年、１００万円ずつ日本株に投資を続けていた人は、今どのくらいのお金になっていると思いますか？　答えは約９０００万円です。

100万円をただ貯金し続けただけでは、100万円×30年ですから、3000万円にしかなっていません。金利がつきますが、ごくわずかな金額ですから、ここでは無視してもよいでしょう。ところが投資を続けていれば、単純に貯蓄した額の3倍以上になっているのです。

ここで、何人かの人は、たまたま株価が上昇しただけだと、反論するかもしれません。しかし、過去30年の間には、バブル崩壊という、過去最大の株価の暴落も含まれています。この暴落を加味した上で、この金額になっているのです。

なぜそのようなことになるのかというと、**企業の株式というのは、平均すると6％程度のリターンが確保されているものだからです。**

企業というのは利益を上げるために存在しており、投資をしてくれた株主に対しては、配当や株価の上昇という形で利益を分配しなければなりません。

企業は倒産することもありますから、銀行預金などと比べると、当然、リスクの高い投資対象です。

そうなってくると、株主に対しては、銀行預金よりもはるかに高いリターンを提供しないと、誰も会社に投資してくれなくなり、企業は資金調達ができなくなってしまいます。

その平均的な水準が６％なのです。

つまり企業が、企業として活動を続けている限り、平均すると６％程度のリターンは得られると考えてよいのです。

問題はすべての企業がうまくいくとは限らない点です。

しかし、誰もが知っている優良企業であれば、そうそう倒産することはありません。トヨタが１００年後も生き残っているのかは誰にもわかりませんが、５年後にトヨタがなくなっている可能性はゼロに近く、10年後でもそれほど変わらないでしょう。

もちろん、東芝のように経営が傾く企業もありますが、**情報収集をしっかりしていればこうしたリスクは回避することができます。**

毎年１００万円ずつ、30年間株式投資を続けていれば、場合によっては億の数字が見えてくるというのは、結構、魅力的ではないでしょうか。

それほどお金のない個人でも時間を味方につけることによって、それなりの資産を形成することは十分に可能なのです。

第2章

資産運用にはどんな種類があるの？

最初に
取り組むのは
何がいいの？

まずは株式投資から始めよう

世の中には様々な投資対象があります。しかし、株式には株式の、不動産には不動産の特徴があり、それを理解した上で投資しないと、思わぬ失敗を招いてしまいます。ここではまず、主な投資対象ごとに、その特徴やリスクについて簡単に整理してみたいと思います。のちほどそれぞれについて詳しく説明していきます。

投資というとまず頭に浮かぶのは株式でしょう。

株は投資の基本であり、王道とも言えるものです。銀行預金から一歩踏み出して、何かに投資するというのであれば、まずは株式投資にチャレンジするのがよいでしょう。

多くの人が誤解しているのですが、**株式はあらゆる投資対象の中で、もっともわかりやすく、初心者でも取り組みやすい商品です。**

最近は様々な種類の投資が身近な存在となっており、中には投資経験がまったくないにもかかわらず、ＦＸ（外国為替証拠金取引）やローンを使った不動産投資などに乗り出す人が増えています。

もちろん資金的に余裕があったり、相応の才能があれば話は別なのですが、これらの投資対象は、株式に比べると、かなり難易度が高くなります。もっとも誤解されやすいのはＦＸかもしれません。ＦＸは為替が上がるか、下がるかのどちらかですから、一見すると非常に簡単な投資に思えてきます。

しかし、為替の変動要因は、株式と比較すると圧倒的に複雑であり、為替はプロでも尻込みしてしまう難しい投資対象です。

本書を読んでいる方は、投資の「ド素人」なはずですから、筆者は、**最初にＦＸにチャレンジすることはお勧めしません。ＦＸに取り組むのは、株式などで訓練を積み、いろいろと手を広げたくなってからでよいでしょう。**

不動産の場合にはまた別の要素があります。

不動産投資は、実際にやってみるとわかりますが、投資というよりも「ビジネス」や「事業」というニュアンスが強くなってきます。不動産の場合、投資すれば、あとはお任せというわけにはいきません。

もちろんテナントの募集など管理業務は不動産会社に委託できますが、どの管理会社にするのか、募集はどのようにおこなうのかなど、常にビジネス的な判断が必要となってきます。

もともと土地を持っていて、そこにアパートを建てればよいという恵まれた環境にいる人を除けば、いわゆる「大家さん」になるということは、起業することに近いという認識を持つ必要があります。

これは筆者自身の価値観ですので、万人に共通するものではないかもしれませんが、**不動産投資は株式投資などで得られた資金をベースに、借金をせずにおこなうのが最適であると考えます。**

実際、筆者の所有する不動産はすべてキャッシュで購入しており、ローンは組んでいません。一般的なサラリーマンの場合、ローンを組んで購入するのはマイホームにとどめておいたほうがよいでしょう（マイホームの買い方についてはのちほど詳しく説明します）。

このほか、債券や金、仮想通貨など、多くの投資対象がありますが、これから投資にチャレンジしたいという人は、まずは株式投資についてしっかりマスターすることが大事です。

株式はなぜ投資の基本なの？

株式投資で世の中を深く知る

投資の王道は株式であることがわかったところで、株式投資とはどのようなものなのかについて、もう少し詳しく説明してみたいと思います。

少々まどろっこしいと思う人もいるかもしれませんが、大事なことですので、少しだけ我慢してください。

株式とは、会社を共同で所有する権利を売買するものです。株主になると株主総会に出席して会社の経営方針や役員の選任に対して一票を投じることができるようになります。

株式に投資をするということは、その会社のオーナー（所有者）になることを意味しているわけですが、ここが非常に重要なポイントです。本来の意味で株に投資することは、**その会社の事業に賛同して、自身も所有者としてその経営の一部に参加するということなのです。**

これは飲食店などを友人と共同経営することをイメージすればわかりやすいでしょう。

飲食店を開店するには、最低でも数百万円の資金が必要となります。出店する場所を確保して、内装工事をおこない、厨房機器なども購入しなければなりません。何か担保を持っていれば、銀行がお金を貸してくれるかもしれませんが、担保がゼロの状態では、これらの資金は自分たちで準備しなければなりません。

例えば1000万円の開業資金を10人から集める場合、1人あたりの金額は100万円となります。しかしながら、銀行と同様、何も担保がないのに100万円をポンと貸してくれる人はなかなかいません。

しかし100万円を出せば、10分の1だけお店に対して発言権があり、利益の10分の1をもらえるということであれば、出資を検討する人も出てくるでしょう。これが株式投資の原点ということになります。

飲食店が失敗してしまえば株券もタダの紙切れですが、うまく軌道に乗れば、出資した分に応じて毎年、利益の一部を還元してもらうことができます（これが配当というものです）。さらに、その様子を見て、その株式を譲ってほしいと言ってくる人も出てくるかもしれません。

もし、出資金額以上でその株式を売却できれば、その人は、毎年もらっていた配当

に加え、株式の売却益も得ることができます。これをもう少し大規模におこなっているのが株式市場ということになります。

もちろん株式は日々、取引所で売買されていますから、1日のうちに何度も売買して値上がり益を狙うという投資方法もあります（いわゆるデイ・トレーディング）。しかし株式投資の本質は、その会社の事業に賛同して、会社の成長に対してお金を投じるということですから、ある程度、長期的な視点に立って投資をするのが王道ということになります。

イザ株主になると、その会社がどのような製品を出してくるのか、世間の評判はどうなっているのか、経営者はどのような人物なのかなど、様々なことが気になってきます。

株式投資をしている人としていない人とでは、世の中の見方やニュースの読み方がまるで変わってくるのです。

筆者はそれだけでも、株式投資をする意味があると考えています。

企業のことがよくわかってくると、自分自身のキャリア形成にも必ずよい影響がもたらされるでしょう。

投資信託はラクでいいんじゃないの？

他人任せの危うさと手数料がクセモノ

株式投資で成功するためには、これから伸びる会社を選別する目利きが必要となります。しかし、どの会社が伸びるのかよくわからない、という人も大勢いるでしょう。**どの会社に投資をするのかについて、プロにすべてお任せすることができる商品が投資信託です。**

投資信託は、運用会社のファンド・マネージャーやアナリストが、どの会社が伸びそうなのか常にチェックし、投資家の利益が大きくなるように、銘柄を選別して投資をしていきます。投資信託の購入者は、商品を購入しさえすれば、あとはすべてお任せでＯＫです。

銘柄の選別に自信がないということで、投資の初心者を中心に投資信託の購入を検討する人も多いのですが、もし今後、一生涯、しっかりと投資を継続していきたいと考えるのであれば、筆者は投資信託への投資はお勧めしません。

その理由は二つあります。

ひとつは、運用をすべて他人に依存してしまうことです。

投資信託のファンド・マネージャーはプロの投資家ですが、プロの投資家が皆、投資で成功しているとは限りません。あまり大きな声では言えませんが、投資が下手なファンド・マネージャーというのも一定数存在しています。金融機関のローテーション人事の一環でファンド・マネージャーになる人もいますから、皆が優れた投資家ではないのです。

しかし、**私たち個人投資家は、投資信託のファンド・マネージャーがどのような人物なのか知る手段がほとんどありません。**中には積極的にプロフィールを公開しているファンドもありますが、むしろ少数派でしょう。言ってみれば、どんな性格で、どれほどの能力があるのかわからない人に、自分のお金を託さなければなりません。これはよく考えると、危険な決断と言えます。

また、他人に投資を託していると、いつまで経っても投資のノウハウが身につきません。**投資の能力は経験に比例しますから、投資を他人に預けてしまうということは、スキルを向上させるチャンスを自ら放棄していることと同じになります。**

もうひとつの理由は手数料です。

プロに運用を委託するわけですから、当然のことながらタダというわけにはいきません。**投資信託の手数料は通常、投資金額に対して何％という形で提示されるのですが、これがクセモノです。**

例えば、手数料が２％の投資信託があると仮定しましょう。仮にファンド・マネージャーがうまく運用して、初年度は５％の利益が出たとします。しかし手数料が２％かかりますから、最終的に投資家が得られる利益は３％しかありません。

投資金額に対するパーセントで示されるとピンときませんが、わかりやすく書くと以下のようになります。

１００万円を投資して５％の利益ですから、投資収益は5万円です。ここから2万円の手数料が引かれ、手元に残る利益は3万円ということになります。つまり投資で得た利益の４割が手数料として抜かれてしまうのです。手数料としては、かなり高いと感じる人が多いのではないでしょうか。

しかも、この手数料は毎年必ず差し引かれます。**仮に利益が出ていなくてもしっかり２％は取られてしまいます。**10年も投資をしていると、価格が変化しない場合には、手数料の総額は20万円にもなってしまうのです。

債券は安全じゃないの？

安全な債券は利益も薄いのが現実

先ほどは、会社の成長にお金を投じるのが株式投資であると説明しましたが、会社に資金を提供する金融商品としては債券というものもあります。

会社が発行するものを社債、政府が発行するものを国債と呼びますが、日本は個人向けの社債市場が発達していないので、**債券といえば国債というのが一般的**かもしれません。

株式と債券は、会社や政府に資金を提供するという点では同じですが、その方法はまったく異なります。株式はあくまで会社のオーナーとして一緒に経営に参画するという考え方に基づいていますが、債権は単なる貸付ですから、銀行に近い立場ということになります。

債券を発行した企業は、債券の購入者からお金を借り、毎年、決められた割合の利子を投資家に支払います。債券が満期になると、企業は投資家に元本を返済し、債券を回収することになります。**投資家が得られる利益は、債券を保有している間に得られた利子ということになります。**

ここまでは銀行による融資とかなり似ていますが、債券の場合には、満期が来る前でも、その債券を他人に自由に売却することができます。もし売却した値段が債券を購入したときの値段を上回っていれば、売った人には利益が発生します。ただ、株式と比べて個人向けの債券市場はあまり発達していませんので、いつでも自由に売買できるとは考えないほうがよいでしょう。その意味では、債券は一度、購入したら、満期まで保有するというのが原則です。

債券は株式とは異なり、単なる貸付ですから、その会社を共同経営しているわけではありません。したがって、その企業が倒産するなど、何らかのトラブルが発生したときには、債券は株式よりも優先して投資家に償還されます。

こうした点を総合して、債券は株式よりもリスクが低く安全な投資であるという説明がなされることが多いのですが、現実に企業が倒産したときには、債券も保護されないケースが目立ちます。

株式と比較して債券のほうが安全だとは、むやみに考えないほうがよいでしょう。

もっとも国債など、お金を貸す先が政府という場合には話は別です。アルゼンチンのように政府の財政が何度も破綻する国もありますが、一般的に企業と比較して政府の信用度は比較になりません。日本国債を購入して、返済されないというケースは、よほどのことがない限り、ゼロと考えてよいでしょう。

ただ、こうした**安全性の高い債券は、皆が殺到しますから、金利が極めて低くなってしまいます。**しかも、ここ数年は量的緩和策の影響で金利はほぼゼロになってしまいました。

また債券は基本的に銀行預金と同じですから、インフレになった場合は、その価値が大きく下がってしまいます。これから積極的に資産を増やしていこうという人にとっては、債券への投資はあまり魅力的ではないでしょう。

億単位の資産を保有するようになると、ポートフォリオの一環として債券を組み入れることは重要となってきますが、資産額が数千万円以下のレベルの場合には、債券の購入を積極的に検討する必要はありません。

債券の中には、海外の企業や政府が発行したものもあります。この場合、為替が大きく影響してきますので、また別の視点が必要です。外国債については次の項目で説明します。

高利回りの外国債はなぜそれほど儲からないの？

ド素人は外国債に近寄るべからず

国内の証券会社で買いつけることができる債券ということになると、おそらく外国債のほうが種類が豊富でしょう。特にトルコやブラジルなど新興国の通貨で発行された高利回りの商品が人気のようです。

しかしながら、**同じ債券といっても、為替の要素が加わってくると、まったく別の商品になってしまいますから注意が必要です。**

ある新興国の債券の利回りが７％だと仮定します。格付けの高い国際金融機関などが発行していれば、日本国債と同様、償還されないという可能性はほぼゼロと言って差し支えありません。

そうなると、リスクは同じくらいなのに、利回りが高く、とても有利な商品に思えてきますが、現実にはそれほどでもないことがほとんどです。その理由は、金利が高い通貨はたいていの場合、インフレ率が高く、その分だけ為替が安くなる可能性が高いからです。

ある新興国の債券の利回りが７％だったということは、その国では、毎年７％程度の物価上昇、つまりインフレが発生しているということになります。もし、その国の通貨と日本円の為替レートが変わらなければ、その国で運用して日本にお金を戻せば100%利益が得られる計算です。

しかしながら、このようなオイシイ話は市場では放置されません。インフレで物価が上昇する分、その国の通貨は売られ、日本円が買われますから、為替レートで調整されてしまい、結局のところ、得られる利益はあまり変わらないことがほとんどです。

これは**あらゆる投資商品に共通ですが、ある商品だけが他の商品に比べて圧倒的に有利ということは原則としてあり得ません。**

もしそのような状況が生じた場合には、それを打ち消すような取引がおこなわれてしまい、そのチャンスはすぐに消滅してしまうからです（これを金融理論では裁定取引と呼びます）。

まれに、為替市場がセオリーとは別の動きとなり、予想外に儲かるということもあるかもしれませんが、それはあくまで例外と思ってください。

これに加えてマイナーな通貨が関係する商品の場合、手数料が高額になる傾向が顕著です。

困ったことに、為替の手数料は、手数料という形では明示されておらず、為替レートの中で調整されてしまいますから、いくら手数料がかかっているのか、すぐに計算できないことがほとんどです。

少しわかりにくかったかもしれませんが、**為替という要素が入ると投資はいきなり難しくなってしまうということを筆者は言いたいのです。**

米ドルやユーロといった主要通貨でしたら、それほど気にする必要はありませんが、新興国の通貨に投資するケースでは、物価動向など、その国の経済についてよく理解しておく必要があるでしょう。

新興国の債券は、商品の数も多く、ポピュラーな印象を受けますが、投資対象としての優先順位は低いと筆者は考えます。

まずは国内の株式、米国など主要国の株式への投資をおこない、余力ができてから債券に投資するというのが正しい順番です。

債券の中でも、為替が関係する外国債の場合には、さらにスキルが向上してからのほうがよいでしょう（米国債など主要通貨建ての国債を除く）。

不動産投資は取り組むべき？

最悪、自己破産する可能性もあり

ここ数年、国内では実物の不動産に投資をするのが一種のブームとなっています。いわゆる「サラリーマン大家さん」の成功事例などがメディアで紹介されるので、それに刺激される人も多いようです。

筆者は、実際に不動産投資をおこなっていますし、うまくやればそれなりに利益が得られる投資対象だと考えています。しかしながら、**投資や事業の経験がほとんどない人が、いきなり実物の不動産投資に手を出すのは、やめたほうがよい**というのが筆者の考え方です。

実物の不動産投資は、株や債券など、他の投資と比較して「事業」という色合いが非常に濃くなります。

もちろん株式投資も、トヨタやパナソニックといった企業が取り組む「事業」に対して投資をするわけですが、その事業との関係は間接的です。投資家が直接、トヨタの事業に関与するわけではありません。

しかし、実物の不動産に投資をするということは、それは自分自身が、三菱地所や森ビルといった不動産会社になることと何も変わりません。自身に経営者としての才覚があるのかどうかで結果が大きく変わってしまいます。

確かに不動産の場合には、うまくやればそれほど手間はかかりませんから、サラリーマンをやりながらでも投資ができるかもしれません。しかし**兼業であっても、不動産会社の経営者であることに変わりはありませんから、それは一種の起業と考えるべきでしょう。**

もし起業するなら、不動産のビジネスにこだわる必要はなく、他の業種の中から検討してもよいわけです。

また、**資金があまりない人が、実物不動産でそれなりの利回りを得るためには、銀行から資金を借り入れることも必要となってきます。**自身が保有する金額以上のお金を借りてしまうわけですから、うまくいかなかったときには、最悪、自己破産する可能性も考慮に入れる必要が出てきます。

不動産が大好きで、場合によってはそれを本業にしてもよいと思えるのであれば、実物投資にチャレンジしてみる価値はあるでしょう。しかしながら、何となくラクそうだから、といったイメージだけで取り組もうとしているのなら、少し冷静になったほうがよさそうです。

実物を購入することだけが不動産投資ではありません。**一等地に建つオフィスビルの所有権を小口化したＲＥＩＴ（不動産投資信託）といった商品もあり、ネット証券で簡単に買うことができます。**

例えば森ビルのＲＥＩＴを購入すれば、すぐにでも六本木ヒルズの部分オーナーになることもできるのです。商品にもよりますが、ここまで金利が低い時代においてもＲＥＩＴは３～４％の利回りが得られますから、かなりの高収益です。不動産に興味があるなら、こうした商品からスタートするのもよいでしょう。

さらに言えば、一般的なサラリーマンの場合、**マイホームという人生最大の不動産投資をどうするのかという問題**があります。まずはこの大きな投資を成功させなければ、人生設計も何もあったものではありません。

実物の不動産投資をおこなうのかどうかは、マイホームへの投資をどうするのか、その方針をしっかりと固めてからあらためて検討すべきでしょう。

金は安全資産
じゃないの？

大富豪でない限り金は必要なし

既存の通貨制度に対する不安からか、金への投資には根強い人気があります。しかし筆者は、富裕層の人を除けば、金への投資は必要ないと考えています。

金には他の投資対象に見られない、いくつかの特徴があります。不動産と同様、素人が投資するには、少々、注意が必要な商品と言ってよいでしょう。

金の最大の特徴は、持っているだけでは収益を生み出さないことです。金は価格が上昇しない限り収益にならないのですが、これが一般的な金融商品との最大の違いです。

もうひとつの特徴は、現物の保有に多額のコストがかかることです。**金を保有しておくためには、貴金属会社に保管を依頼したり、自宅の場合には金庫を購入するなど、相応の保管コストが必要となります。**

収益を生まないことに加えて余分なコストが必要となりますから、その負担を考慮しなければなりません。

こうした欠点があるにもかかわらず、金が投資対象のひとつとして選択されるのはどうしてなのでしょうか。

それは金の過去の値動きを見ればわかります。

金の価格は日々変動していますから、短期的には上下に変動しているだけに見えますが、金価格を数十年単位で観察すると面白いことがわかります。金は世界の基軸通貨であるドルが上がると下がり、ドルが下落すると今度は金が上昇するのです。

金はドルという通貨の信用が下がると買われ、ドルの信用が高まると売られますから、**金とドルは表裏一体の関係にあることがわかります。**

これこそが、金が投資対象として選択される最大の理由です。

ドルは世界で通用する基軸通貨ですが、もし、ドルの価値が大きく下がってしまった場合、世界の投資家は大きな損失を抱えてしまいます。これを回避するための手段として金が選択されているのです。

金はあくまでドルという通貨との関係性で売買されるものですから、それ自体が資産を形成するための対象にはなりません。

株式や債券なら、保有していれば、配当や利子がもらえるのですが、金は持っているだけでは何も利益がないどころか、保管コストもかかってしまいます。それでも保有する人がいるのは、ドルとの取引で利益を得ようとしているからです。

また、一部の富裕層は、万が一のことを考え、資産のすべてを金融商品や現金で保有するのではなく、実物資産として管理しています。つまり資産ポートフォリオの一環として金を保有するわけです。

国内でも、一部の富裕層は、日本円の将来が信用できないことから、現金はあまり持たず金で保有するという選択をしているようです。

しかし、それほど多くの資産を持っていない一般的なサラリーマン層にはあまり関係のない話です。

さらに言えば、日本円が信用できないということなら、最初に検討すべきはドルの保有であって、いきなり金に行ってしまうのは、少々、思考が飛躍しすぎています。多くの個人投資家にとって、実物資産としての金を保有する必要は、当面ないと考えてよいでしょう。

ただし、**金の価格は株式などとは反対の動きをするケースが多いですから、株価が下落したときの損失をカバーするための手段にはなり得ます。**投資資金の一部を、金のＥＴＦ（上場投資信託）に投資するというのはひとつのやり方かもしれません。

ＦＸは
簡単じゃないの？

ＦＸはギャンブル性が高い商品

先ほど、筆者は、投資の初心者はＦＸには手を出さないほうがよいという話をしたのですが、第2章の最後は、ＦＸについて詳しく説明して終わりにしたいと思います。

ＦＸの特徴は、投資対象が通貨であることに加え、高いレバレッジをかけられる（お金を借りて手持ち資金以上の金額で売買すること）ということでしょう。この二つの特徴からＦＸは、株式など他の商品と比較して投機性が高くなっています。つまり、**株に比べるとＦＸは、ギャンブル性が高い商品なのです。**

株式の場合、その企業に投資した人の中で富の奪い合いがおこなわれるわけではありません。投資した会社が儲かって株価が上がったり、配当が増額になったりすれば、投資に参加した人、全員が利益を得ます。

しかしＦＸはそうではありません。

ドル円相場を例にとって考えてみましょう。例えばドルを買って円を売った人がいたとすると、反対にドルを売って、円を買った人が存在します。ドルが値上がりすれば、ドルを買った人は儲かりますが、反対に円を買ってしまった人はその分だけ損をしています。

売買に参加した人の利益や損失をすべて足し合わせると、その値は常にゼロとなります。経済学の用語ではゼロサムゲームと呼ぶのですが、要するに全体から見れば、利益はゼロで、その中で勝ち負けが生じているだけにすぎません。

筆者がＦＸが富の奪い合いだと言ったのはそのような意味です。

勝ち負けだけの世界になってしまうと、当然、投機性が高くなり、儲かるかどうかについては運に左右される割合が高くなってしまいます。

これに加えて、為替が変動する要因は多岐にわたっています。

株式でしたら、基本的にはその企業が儲かるか、ビジネスをしている市場が伸びているのかという単純なルールで株価の上下が決まりますが、為替を変動させる要因は無数にあります。

為替とマクロ経済の関係は密接ですから、**為替の動きを知ろうと思ったら、物価動向や失業率、ＧＤＰの動きなど、かなり細かい部分まで情報を精査する必要が出てきます。**

為替のトレーディングは、プロでも尻込みするというのは、こうした理由があるからです。

またＦＸは、簡単に高い倍率のレバレッジをかけることができます。**レバレッジとは資金を借り入れて、手持ち資金以上の金額で取引する方法です。レバレッジが高いと、ごくわずかな値動きでも、大きな損失につながる可能性が出てきますから、やはり要注意です。**

為替は長期的にはある程度、推移を予測することができますが、短期的な予測はほぼ不可能と思ってください。

こうした状況を理解した上でＦＸ投資をおこなうのであれば、何の問題もありませんが、**円が上がるか下がるかという簡単なゲームだと思ってＦＸに参加するのはやめたほうがよいでしょう。**

特に投資の初心者の場合にはなおさらです。

繰り返しになりますが、投資は株式からというのが基本的なセオリーです。まずは株式投資に慣れることが何よりも重要なことです。

第3章

株式投資のイロハ

株式投資は どのくらい 儲かるの？

優良企業に長期投資で年利６％

第2章でも説明したように、すべての投資の基本となるのは株式投資です。株式投資をマスターすれば、他の投資対象への応用もそれほど難しくありません。逆に言えば、**株式投資をしっかりこなせない人が、他の投資にチャレンジしても、あまりよい結果は得られないでしょう。**

以下では、株式投資の基本について具体的に説明したいと思います。

先ほど、株式投資の平均的なリターンは年６％だと説明しました。これはすべての株式を総合した数字ですから、中にはもっと高い利回りになっている銘柄もあるでしょうし、大幅に下落した銘柄もあるはずです。

投資の初心者であれば、一攫千金を狙うようなリスクの高い銘柄には投資すべきではありませんから、誰もが知っている有名企業を中心に銘柄を選別することになります。

こうした**有名企業にうまく分散投資することができれば、６％の期待リターンに近づいていくと考えて差し支えありません。**

ただし、この6%という数字は、長い期間をならした平均値であることに注意する必要があります。株式市場には、長期的な波がありますから、何年も大幅な上昇が続くときもあれば、逆に、数年間、株価は下がりっぱなしということもあります。バブル期の頂点で株を買ってしまい、あとはそのまま放置という状態では、損失を抱えたままになってしまうでしょう。

こうした事態を避けるためには、**毎年、少しずつ投資を積み立て、長期にわたって投資を続けることが重要となってきます。**毎年、一定金額を貯金の感覚で投資していけば、株価が下がっているときは、同じ金額でより多くの株を購入できることになります。

いつまでも株価が下がり続けるということは原則としてありませんから、ひとたび上昇に転じたときには、これらは大きな利益となって返ってきます。高いときに購入してしまった株の損失も、最終的には相殺される可能性が高いのです。

ただし、ここで大きな問題が生じます。

長期にわたって一定の利回りを確保するためには、それなりの優良銘柄に対して投資を継続しなければなりません。

基本的には、誰もが知っている会社に投資をしていれば、大きな間違いはありませんが、有名企業だからといって絶対に安全というわけではありません。実際、ここ数年の間でも、シャープや東芝といった有名企業が経営危機におちいっています。何も考えずに銘柄を選別するのはやはり危険です。

この銘柄選びというのが、株式投資を成功させるもっとも重要な項目となります。ここをしっかり押さえることができれば、投資は成功したも同然です。

「銘柄選びは大変だな」と感じた人もいるかもしれませんし、実際、ラクな作業ではありませんが、ここは発想を変えてみるのがよいでしょう。

よい銘柄を選ぶということは、これから伸びる企業を選ぶことと同じです。ビジネス・パーソンであれば、今、どんな会社が儲かっていて、どの市場が伸びているのかを知ることは、とても大事なことです。

自身の仕事にも大きなプラスになり、しかも投資でお金が増やせるなら一石二鳥です。このような感覚で銘柄を選んでいけば、長期にわたって、楽しみながら、投資を続けることができるでしょう。

短期投資はやめたほうがいいの？

たいていの人はうまくいかない

基本的に筆者は、**株式は長期的なスタンスで投資をするのがよい**と考えていますし、本書もそれを前提にしています。しかし株式投資には、デイ・トレーディングに代表されるような、短期売買中心の手法もあります。

2年足らずの間に何千万や何億という資産を株で作ってしまう人がまれにいますが、彼らの多くは短期売買の投資家です。こうした事例は非常にインパクトがありますから、メディアでも取り上げられやすく、これに刺激を受ける人も一定数はいると思います。

投資には様々なスタンスがあり、長期と短期でどちらがよいということはありません。短期売買も立派な投資手段ですし、長期だからといって安全というわけでもありません。ただ、**短期売買の場合、投機的な要素が強くなり、結果が運に左右される割合が高くなってきますから、こうしたスリリングなゲームが好きだという人以外は、あまりお勧めできません。**

株価が上昇するのは、その企業が利益を上げ、今後も利益が拡大すると多くの人が考えるからです。実際、順調に業績を拡大している企業は、株価も順調に上がるケースが多くなっています。

しかし、こうした**値動きはあくまで長期的なもの**です。

株は日々、売買されており、そこでは、長期的な動きとは別に、様々な要因で株価が上がったり、下がったりしています。例えば、公的年金のような大口の投資家が大量に買いつければ、その日に限っては株価が上がってしまいますし、逆に誰かが大量に売れば、一時的に株価は下がってしまいます。

短期売買の投資家はこうした日々の価格変動をうまくとらえて利益を出していきます。短期的な値動きは、事前にある程度、予測できることもありますが、想定外の動きになることもしばしばです。**基本的には短期売買になればなるほど、運に左右されやすいと考えてください。**

ただ、少額資金に限定し、試しで取引してみるということについては否定しませんし、むしろ推奨します。

知らないであれこれ考えをめぐらせるより、自分で体験してみるほうが、圧倒的に理解しやすいからです。

実際に取引してみるとわかると思いますが、短期売買というのは向き不向きがはっきりしています。たいていの人は、うまく儲けることができないでしょう。少しやってみて自分に合わないと判断すれば、諦めもつくのではないでしょうか。

逆に自分には才能があると確信することができた場合には、そのときにあらためて、どうするか考えてみればよいでしょう。

ただし、**本当に才能がある人は、ごくわずかしかいないということは決して忘れないでください。**

さらに言えば、これからの時代は短期投資家にとって不利な環境になります。プロの投資家の世界では、ＡＩ（人工知能）の導入が急速に進んでおり、ＡＩを使った投資では、人間の何百倍という速さで売買がおこなわれます。基本的に短期売買で人間がＡＩに勝つのは至難の業と見てよいでしょう。

これから先、株式の短期売買で継続的に利益を上げることは、かなり難しいと考えたほうがよさそうです。

株式投資をおこなうのであれば、ある程度、長期投資を前提にしたほうが成功する確率は高くなるはずです。

業績のいい会社に
投資すれば
儲かるの？

3年連続で増収増益なら安心

業績のよい会社に投資するというのは、株式投資の世界では王道とも言える方法です。好業績の企業を選択すれば必ず儲かるというわけではありませんが、少なくとも、大きな損失を出す確率は低くなります。

ひとくちに業績がよいといっても、いろいろなパターンがあります。**重視すべきなのは利益率が他社と比べて高いことと、毎年、利益を拡大させていることです。**

計測機器メーカーであるキーエンスという会社は、極めて利益率が高いことで知られています。２０１７年3月期の売上高は約３２００億円で、営業利益は１７００億円もあります。売上高に対する営業利益率は5割を超えます。

営業利益率は業種によっても異なりますが、数％というケースも多くなっています。10％を超えると高収益とも言われますから、50％というのは驚異的な水準と言ってよいでしょう。

キーエンスの業績がよいのは昔からですから、こうした優良銘柄にはすでに多くの買いが入っており、場合によっては株価はかなり高い水準で推移することになります。こうした銘柄については「高すぎて買えないのではないか？」「もう、これ以上、株価は上がらないのではないか？」との不安を持つ人もいるでしょう。

そのような面があるのは確かなのですが、相場全体の雰囲気がよくなれば、好業績の銘柄は確実に上がりますし、相場が悪くなっても、好業績の銘柄が売られるのは最後です（相場が悪くなって最初に売られるのは業績の悪い銘柄）。

したがって**業績の悪い企業の中から上がりそうなものを選別するよりは、素直に業績のよい会社の株を買ったほうがリスクは低いと考えてください。**

ここまで好業績でなくても、毎年、順調に利益を拡大させている会社もよい投資対象となります。

事業というものは、継続性があるものです。利用者に受け入れられた製品やサービスはしばらくの間、高い評価が継続しますから、会社の業績もよい状態が続くことがほとんどです。

逆に、ひとたびダメな方向に会社が回り始めると、それを回復させるのは容易なことではありません。

会社の業績をチェックする際には、過去3年くらいまで遡って数字を見ることが重要です。**3年連続で増収増益（売上高も利益も伸びていること）であれば、かなり安心してよいでしょう。5年連続ならさらに確実です。**

逆にある年だけ急激に利益が大きくなったり、ある年だけ利益が大幅に減少していたりという会社は要注意です。財務内容をしっかり分析できる能力があれば、こうした突発的な事態をうまく利用して儲けるということも可能ですが、初心者のうちは、業績変動の大きい銘柄は避けたほうがよいでしょう。

業績がよい銘柄というのは、投資の基本ですから、マネー誌などでは、「好業績銘柄一覧」といった特集がよく組まれています。上場企業はたくさんありますが、好業績の会社を見つけ出すのはそれほど難しいことではありません。

ただ、**好業績といっても、何をやっているのか、よく理解できない会社に投資をしてはいけません。**会社に投資をするということは、その会社の所有者になるということですから、少なくとも、どのようなビジネスをしているのか、自分で理解できるところに投資をするというのが原則です。

業界ナンバーワンの会社は、たいてい、その業界ではもっとも高収益ですから、そのような銘柄を狙うというのもひとつの方法です。

好きな会社に
投資してみるのは
ダメ？

好きだけでは終わらせない

株式に投資するということは、会社のオーナーになることですから、自分が好きな会社に投資するというのも大事な考え方です。実際、筆者も自分が好きな会社に投資をするということがよくあります。

もちろん株式投資は儲からなければ意味がありませんから、好きであれば何でもよいというわけにはいきませんが、**どの銘柄に投資をすればよいのか迷ってしまうようなときには、好きな会社を選ぶというのは有力な選択肢となります。**

ここで大事なのは、ただ好きというだけでは終わらせないことです。

もし、あなたが日産のクルマが好きなのであれば、日産に投資してみてもよいでしょう。ホンダのクルマが好きなら、ホンダに投資してもよいわけです。

投資する前には、その会社の業績をチェックする必要がありますが、このとき、必ずライバル企業との関係も調べておきましょう。

日産の２０１７年３月期の売上高は約11兆７０００億円、営業利益は約７４００億円でした。一方、日産のライバルであり、業界最大手のトヨタ自動車の売上高は、何と27兆6000億円、営業利益は約2兆円もあります。

まず、この数字の絶対値に着目してほしいのですが、日本で売上高が10兆円を超える企業というのは数えるほどしかありません。パナソニックは7兆3000億円、ソニーも7兆6000億円です。これほどの大手企業でも売上高が10兆円を超えるということは至難の業です。

そう考えると、トヨタという会社がいかに巨大な企業なのかということがよくわかります。日産はトヨタの半分の規模しかありませんが、それでもソニーやパナソニックよりもはるかに大きいのです。

多くの人は、大手企業と言ってひとくくりにしてしまいますが、トヨタと比較した場合、他の大手企業など中小企業でしかありません。まずは、この事実をよく理解しておいてください。

自動車業界の中での比較においても、トヨタと日産とでは、企業体力が大きく違うということを頭に入れておく必要があるのです。

一般的なイメージとしてトヨタは堅実な車種が多く、日産は個性的ですが、企業規模の違いを見ればそれも納得です。日産はトヨタよりも規模が小さいが故に、個性的なクルマ作りができるわけです。反対に言えば、個性で勝負しなければ、ガリバーのトヨタに日産が勝てる見込みはありません。ホンダも同様で日産と近い企業規模ですから、トヨタに比べて個性的な車種が多くなっています。

もし日産の個性が好きなのであれば、その特徴が今後も生かされるのかということを考えて投資の可否を判断するとよいでしょう。

ちなみに日産は、電気自動車（ＥＶ）にかなり力を入れており、一方のトヨタはあまりＥＶには積極的ではありません。日産はＥＶという個性でトヨタに勝負を挑もうとしているわけです。

一般論としてＥＶはあまり儲からないのですが、もしかすると、今後10年の間に市場が一気にＥＶにシフトしてしまう可能性もあります。**今の市場環境が続けばトヨタが有利ですが、市場環境が大きく変わった場合には、逆に日産が有利になる可能性も十分に出てくることになります。**

同じ好きでも、その会社のことをよく調べると、その気持ちもさらに豊かになってくるでしょう。

身近な会社に投資するのはいいこと？

業界の市場環境をチェック

会社のことをよく知ってから投資をするというのは、プロの投資家であれ、個人投資家であれ基本中の基本です。そうであれば、情報を手軽に入手できるという意味で、身近な会社に投資してみるというのもひとつの選択肢です。

例えば、あなたが、日常的にコンビニに通っているのであれば、コンビニ運営会社の株を買ってみるのもよいでしょう。

好きな会社を買う場合と同様、まずはその業界には競合が何社あり、どのような市場環境になっているのか調べることが重要です。

今のところ、コンビニ業界ではセブン-イレブンが圧倒的なナンバーワンとなっており、全国で約2万店舗を運営しています。これまでは、業界2位がローソンで3位がファミリーマートだったのですが、ファミマがサークルKサンクスと合併したことでシェアが大きく変わりました。

サークルKサンクスを吸収した新生ファミリーマートは、店舗数が1万8000店舗となり、セブンに肉薄することになりました。一方、ローソンは1万3000店舗のままですから、セブンとファミマの2強となり、ローソンがかなり出遅れる形になったわけです。

一般的に、競争で後れを取り始めた企業が、急激に挽回するケースはあまり多くありません。セオリー通りに考えれば、ローソンではなく、業界トップであるセブンか、それを追うファミマに投資したほうがよいという考え方が成立します。

ただ、**コンビニビジネスというのは、店舗数が多ければよいというものではありません。1店舗あたりの売上高と店舗数の両方が重要です。**

その点では、セブンとファミマにはまだ大きな開きがあり、1日当たりの平均的な売上高（日販）を比較すると、セブンはファミマの1・2倍も売り上げています。コンビニはどこも同じように見えますが、実は、売上高に大きな違いがあります。この違いはいったい何から生じるのでしょうか。

それは店舗の立地と商品構成です。

今度、近くのコンビニに行くことがあったら、お店のある場所と店内の配置をよく見てください。

セブンはお弁当やお総菜、おでんなど、いわゆるファストフードの割合が高いことがわかります。これに対してファミマはファストフードの割合が低く、雑貨やたばこなど非食品の割合が高くなっています。一方、ローソンはお菓子など加工食品の割合が高いのが特徴です。

実はこれらの商品の中で、もっとも利益率が高いのは、条件にもよりますがファストフードだと言われています。セブンは利益率の高いファストフードをたくさん売っているので、他社よりも利益が大きいのです。

では他社もセブンのようにファストフードをたくさん売ればよいのかというとそうはいきません。ファストフードは賞味期限が短く、売れなかった場合にはすぐに廃棄しなければなりません。多くの来客が見込めないと割合を増やせないのです。

セブンは同じエリアでも、人通りが多かったり、目立つビルに入っているケースが多く、その点において他社よりも有利な条件にあります。これが商品力の強化につながり、最終的には業績の違いとなって表れているのです。

一方で、セブンは追われる側ですから常に厳しい環境に置かれます。

追うほうと追われるほうのどちらに投資したほうがよいのかは、皆さん自身が決断してください。

伸びる会社に投資するにはどうすればいいの？

ナンバーワンの企業を狙おう

業績がよい会社、好きな会社、身近な会社というのはまさに銘柄選びの初級編ということになりますが、投資に慣れてきたら、もう一歩進んで、「今後、伸びる会社」に投資することをお勧めします。

どの会社が伸びるのかを考えるのはもちろんあなた自身なのですが、これはなかなか大変な作業です。しかし、**今後、伸びるであろう会社をコツコツと探し、誰も話題にしていない段階から投資をして株価の上昇を待つというのは、株式投資の醍醐味とも言えます。**

伸びる会社を見つけ出す方法はたくさんあり、マネー誌などを見れば、様々な手法を学ぶことができます。その中には、ＰＥＲ（株価収益率）やＰＢＲ（株価純資産倍率）など、各種指標を駆使したものもたくさんあります。

もちろん、こうした指標は知っているに越したことはありませんし、筆者も参考として活用することはよくあります。しかし、これらの指標はあくまで指標にすぎず、こうした手法に沿って投資をすれば確実に儲かるというわけではありません。

株式投資は基本的に会社の事業に対して投資をすることですから、伸びる銘柄を探す王道は、これから伸びていくビジネスを探し出すところにあります。

これから伸びる会社を探すためには、メディアの記事を丹念に読む、業界に詳しい人から話を聞くといったやり方があります。情報収集は投資の鉄則ですので、**メディアの記事を読むことはとても重要ですが、記事の中に直接、この会社が伸びると書いてあるわけではありません。**

最終的には、自分自身のセンスを頼りに判断することになりますから、その意味では、身近な例からヒントを得るほうがよいでしょう。実際、筆者もそうですし、プロの投資家もそうしていることが多いのです。

例えば、ネット通販の市場が急激に拡大することは誰もが知っていたことです。そうであれば、あまり難しいことは考えず、アマゾンの株を買ったほうが、結果的に儲かるというパターンが多いのです。

アマゾンは米国の会社だからなど、投資をしない言い訳は探さないほうがよいでしょう。ネット証券に口座を開けばたいていの証券会社で米国株は買いつけることができます。

国内でネット通販に関連して伸びる会社を探すより、その一丁目一番地の銘柄のほうが結果ははっきりしています。ネット通販ならナンバーワンのアマゾンを買ったほうがよいのです。

関連する企業を探すなら、ストーリーがわかりやすいほうがよいでしょう。

ネット通販が拡大すると、確実に段ボールの需要が増えます。段ボールのメーカーに投資をするというのは、ネット通販に関連した投資のやり方としては賢い方法です。

ソフトバンクも同様に考えてよいでしょう。

ここ2〜3年のソフトバンクの躍進ぶりは誰の目にも明らかだったと思います。同社には財務体質の悪化など、懸念材料もありますが、伸びている企業の場合、そうしたことを気にしていても始まりません。ソフトバンクの勢いに賭けるのであれば、その部分はリスクとして割り切る必要があります。

何事にも経験は大事ですから、こうした銘柄選別を繰り返していけば、勘所をつかめるようになるはずです。

第4章

マイホームはどう考えたらいいの？

賃貸と持ち家、結局、どっちがいいの？

賃貸は消費、持ち家は投資

住宅の購入は、人生で最大の買い物と言われます。しかし筆者は、この言い方はあまり好きではありません。

何を言いたいのかというと、**住宅の購入は、自分が住むためとはいえ、れっきとした不動産投資になります。住宅の購入は「人生最大の投資」と言い換えたほうがよいでしょう。**もしマイホームを買うのであれば、それは最大の投資案件であり、確実に成功させなければ、人生設計において最大の失敗になってしまうということです。

一方で、わざわざ家を購入せず、ずっと賃貸で通すという人もいます。この場合、家というサービスを購入しているわけですから、これは消費になります。

投資と消費は、お金を支出するという意味では同じですが、その本質はまったく異なるものです。**消費というのは、何らかのメリットを求めて、今、お金を支出することを指します。一方、投資は将来の収益を期待してお金を支出する行為です。**

両者は異なる概念ですから、これらについて比較することは、実はあまり意味がありません。そうだとすると、住宅をめぐる永遠の神学論争とも言える、持ち家VS賃貸というテーマも無意味であることがおわかりいただけるでしょう。

経済学的には、持ち家を購入することと、家を借りることはまったく異なる行為なので、どちらがよいと比較することはできないのです。

では、マイホームの購入についてはどう考えればよいのでしょうか。

マイホームの購入が投資だとするなら、話はシンプルです。**投資案件として成功するなら、買ったほうがよいという判断になります。**これは株式などとまったく同じ考え方になります。

先ほど説明したように、投資というのは、将来の収益を期待してお金を支出することです。

マイホームの場合、誰かに貸し出して賃料を得るわけではありませんが、自分が住めば家賃分の支出が浮きます。これを擬似的な投資収益と見なすわけです。また、将来、転売したときにできるだけ高い価格で売れることも重要です。

のちほど詳しい説明をしますが、マイホームを購入する場合には、これを賃貸に回したとき、いくらの賃料が得られるのかを考え、購入にかかった費用と比較して損得を考えます。

一方、賃貸の場合には、完全な消費ですから、必要なサービス水準と価格を素直に比較すればよいということになるでしょう。**自分たちの生活に必要な間取りや駅からの距離などを考え、もっともコスト・パフォーマンスの高い家を借りることができれば、その賃貸は成功です。**投資と消費は違う概念ですから、持ち家と比較しても意味はありません。

かつての日本の賃貸市場は非常に硬直的で、物件数が限られていたり、高齢者になると家を借りることができないといった問題がありました。しかし、今後は大量の住宅が余剰になりますから、家がない、家が借りられないという問題が発生する可能性はほぼなくなるでしょう。

そうなってくると、持ち家と賃貸は、まさに投資なのか消費なのかという違いになり、その他の要因は関係しません。

投資で儲けようと思えば、家を買えばよいですし、不動産投資に対して、そこまで積極的でなければ、賃貸で通してもよいでしょう。

マイホームに夢を託すのは悪いこと？

夢がさめた後もローンは残る

マイホームの購入であっても、それはれっきとした不動産投資であるという話をすると、マイホームには別の側面もある、という反論が出てきます。

筆者はマイホームの購入に「夢を実現する」といった、合理性だけでは割り切れない要素があることは否定しません。ただ、**夢のためにお金を支出するということになると、それは消費ということになりますから、判断基準がまったく変わってくることを認識すべきです。**

夢に対して支出するというのは、例えばディズニーランドに行く、芸能人のコンサートに行く、といった行為に近くなります。**そこで得られる幸福感などが支出に見合うかどうか**が、行くか行かないかの判断基準となるわけです。

もし夢を買うためにマイホームを購入するのだとすると、ディズニーランドと同じような視点で支出と得られるメリットについて比較する必要が出てきます。

ただ、マイホームの場合、金額があまりにも高額ですから、こうした観点でコスト・パフォーマンスを検討すると、たいていの場合、ムダな支出であるとの結論にならざるを得ません。

筆者はマイホームに夢を託することについて、基本的に賛成しませんが、その理由は、金額の大きさと不動産が持つ性質です。

マイホームを購入した直後は（特に新築の場合には）、ピカピカの家に家族で引っ越すことになりますから、否が応でも気分は高揚します。しかし、どんなにピカピカでも、時間が経てば、やがて色はくすみ、あちこちが傷んできます。ワクワク感が得られる期間はそれほど長くありません。

幸福感やワクワク感を得るための支出とすると、家の金額はあまりにも高いと言わざるを得ないでしょう。

また家族との関係や自身の仕事の環境も時間が経つと変化してきます。

マイホームを買った当初の場所や間取り、デザインというものが、その後も、自分たちの生活にフィットしているとは限りません。場合によっては、かえって重荷になってしまうということもあるわけです。

不動産は「動かない資産」と書くわけですが、読んで字のごとく、移動することができない資産です。**状況が50年間変化しないことが保証されている人なら問題はあり**

ませんが、そうでない人にとって、動かせないということは、ある種のリスク要因となってしまいます。

最近では郊外の団地がよい例ですが、買った当初は多くの人で賑わっていたものの、所有者が高齢化するとともにゴーストタウンになってしまうケースがよく見られます。独立した子供たちは、通勤に時間のかかる団地ではなく、都市部の賃貸住宅に住むケースが多いですから、その団地には住まなくなってしまいます。

しかし不動産は場所に依存していますから、そのような状態になったとしても売るに売れません。こうした事態を避けるためには、場所について吟味に吟味を重ねる必要があるわけです。

これらの条件を総合的に考えると、家の購入にはかなりシビアな感覚が必要であることがわかります。よほどお金に余裕のある人は別ですが、**シビアさが必要とされる案件に、夢の要素を持ち込むことはやめたほうがよいでしょう。**

家族の夢を実現する方法は、ほかにいくらでもありますから、マイホーム以外の方法を検討したほうがよいと筆者は考えます。

マイホーム投資の損得はどう考えればいいの？

値下がりしないマイホームの条件

マイホームの購入も投資である以上、投資として成功させなければ意味がありません。投資とは将来の収益を期待してお金を支出する行為ですから、**投資を成功させるためには、投資した金額を上回る収益を上げる必要があるわけです。マイホームの場合には、これを商品として賃貸に出した場合、何％の収益を上げられるのか、もしくはその家が将来値上がりするのかがすべて**、ということになります。先ほども説明した通り、実際に賃貸に出さずに自分が住んでいる場合には、本来、賃貸住宅に払うべきお金が浮きますから、これを擬似的な収入と考えることになります。

４０００万円のマンションを購入したケースを考えてみましょう。

もし、そのマンションを月あたり15万円で賃貸することができれば、経費を除くと1年間の収益は１８０万円になります。

４０００万円を投じて、年間１８０万円の収益ですから、利回りは１８０万円÷４０００万円で、４・５％ということになります。もしこの利回りが長期間維持できるのであれば、まずまずの投資と判断してよいでしょう。

しかしながら、現実はそううまくはいきません。賃料として得られる収益から、管理費などの経費や固定資産税、ローンの返済分を差し引く必要があるからです。

このマンションを頭金500万円、金利2%、30年ローンで購入したとすると、月々の返済額は約13万円になります。そうなってくると、ローンの返済を差し引いてしまうと、収支はトントンということになります。

これに加えて経年による価値の劣化を考える必要があります。

最初は15万円で賃貸に出すことができた物件でも、10年、20年と時間が経過すると、もう少し安い値段でなければ、入居者を確保できなくなります。最初は4・5%の利回りがあったとしても、20年後は大きく利回りが下がっている可能性について検討する必要があるでしょう。

こうした条件をすべて考慮すると、割に合うマイホームへの投資は簡単ではないことがわかります。

あまりにも投資利回りにばかりこだわっていては、買う物件がなくなってしまいますから、ほどほどにする必要はありますが、**投資収益をプラスにすることは、極めて**

大事な要素であることは理解しておいてください。

このような状況でできるだけ有利な投資をするためには、やはり、収益力の高い物件を買う必要が出てきます。

これからの時代は都市部への人口集約が進みますから、中心部に近いことは絶対条件です。また高齢化が進み、足腰の弱い人の割合が増えていきますから、駅からの距離が遠い物件は不利になります。

新築のうちはあまり差が出ませんが、築年数が古くなってくると管理状態の違いが資産価値に大きく影響します。**管理が良好な物件を選択しないと、間違いなく値下がりしてしまうでしょう。**

ロビーやゴミ置き場など、共有スペースが広いことも重要です。車いすなどの取り回しができない物件は、高齢化時代においては、価値をなくしてしまいます。

こうした条件をクリアする物件であれば、時間が経過しても、それなりの賃料を維持することができ、投資案件として成功する可能性が高くなってくるはずです。

いつでも売れることはなぜ重要なの？

クセのある間取りや内装もリスク

投資の世界には流動性というキーワードがあります。**買いたい人が常にいて、自分が売りたいと思ったときにいつでも売れる商品は「流動性が高い」と表現します。**

株式投資の世界でも投資金額が大きくなってくると、たとえ個人投資家であっても、流動性の問題が大きく影響してきます。

トヨタやソニー、ソフトバンクといった誰でも知っている銘柄であれば、常にたくさんの売り買いがありますから、注文を出せばすぐに売買が成立します。しかし、世間にほとんど名前が知られておらず、業績もぱっとしない会社の場合、上場していても、売り買いが活発ではないことがあります。

注文を出しても、1時間くらいしないと売買が成立しなかったり、値段をかなり上げないと買えなかったりというケースも出てきます。こうした流動性の低い銘柄ばかり持っていると、イザというときに換金できないというリスクがありますから、売買については少し慎重になる必要があるのです。

その点から考えると不動産は流動性が極めて低い商品です。場合によっては売りに出してもまったく買い手がつかないというケースが十分にあり得るのです。自分の家がそのような状況になってしまっては、不良債権を抱えたようなものですから、もはや投資とは呼べません。不動産を買うときには、どれだけ流動性が高いのかについても、徹底的に吟味しなければなりません。

流動性を決める最大の要因はやはり場所です。

都市部で駅近のファミリー物件であれば、常に活発な売買がおこなわれます。万が一、まとまった現金が必要となり、家を売却するという場合でもすぐに買い手は見つかるでしょう。これが郊外の駅から遠い物件ということになると、そう簡単には買い手を見つけることができなくなります。ニーズがない状態なので値段を下げても、買い手が現れない場合すらあるのです。

繰り返しになりますが、**マイホームを購入するなら、絶対に利便性がよく、人口が減らない地域を選択すべきです。**

もうひとつの要因は家の間取りや内装です。

個性あふれるスタイリッシュな間取りや内装は、自分で住む分には問題ありませんが、資産価値という点ではかなりのマイナスになります。

同じ条件で売りに出ている物件が二つあり、ひとつは一般的で平凡な間取りと内装、もうひとつはスタイリッシュなデザイナーズ系の間取りと内装だとしましょう。最初に売れるのは間違いなく平凡な方の物件です。

スタイリッシュな家は、その程度にもよりますが、場合によってはなかなか売れないことがあります。流動性という観点では、個性のある家はマイナスにしかなりません。

米国人は個性的な人が多くライフスタイルも様々なのですが、家の間取りや内装については、徹底的に金太郎飴で、どの家にもほとんど違いがありません。米国人にとって家は最大の投資資産ですから、賃貸に出したり、値上がりした際に転売しやすいことは絶対条件と言えます。

商品として販売したり、賃貸したりすることを考えれば、クセのある間取りや内装は好ましくありません。このため汎用的な間取りを徹底的に追求しているのです。

マイホーム以外にも個性を発揮する場所はいくらでもあります。米国人のこうした合理主義は、私たちも大いに参考にすべきでしょう。

銀行を
儲けさせるために
家を買うの？

頭金多め、短期、固定金利が○

先ほど、不動産から得られる収益は、管理費などの経費やローンの金利などを差し引くとかなり少なくなってしまうという話をしました。特に**期間が長くなってくると、大きく効いてくるのが銀行に支払う利子です。**

３０００万円のローンを金利２％で組む場合、返済期間が10年であれば、銀行に支払う利子は約１割の３００万円程度ですみます。しかし返済期間が30年ということになると、利子の額は１０００万円近くに達します。

元本の３０００万円に加えて、もう１０００万円が余分な支出となってしまうわけです。確かに**返済期間が長ければ毎月の返済額は小さくなりますが、銀行に対して支払う利子の額は、ワンルームマンションが買えてしまうほどの金額に膨れあがってしまうのです。**

銀行はあの手でこの手で住宅ローンを宣伝していますが、この数字を見れば、それも納得できるのではないでしょうか。顧客１人に３０００万円、30年の住宅ローンを組んでもらえれば、それだけで１０００万円を稼げてしまいます。

極論すると、長期の住宅ローンというのは、銀行を儲けさせるために組むようなものなのです。

もし、その1000万円を貯金や投資の原資として残すことができれば、老後の生活にどれだけに役に立つでしょうか。**資金が乏しい多くの人にとって、住宅ローンはありがたい商品ですが、長期のローンは避けるべきです。**

比較的短期の住宅ローンで購入できる範囲の物件に限定して検討するというのは、投資家としては賢明なやり方と言ってよいでしょう。

どうしても短期のローンが難しい場合でも、利子の支払いを減らす努力は絶対に必要です。

期間が長くなる場合には、頭金の額を増やすことが重要でしょう。高額のローンを最少の頭金で買うというのは、投資案件としては最悪のパターンです。少なくとも一定の頭金が揃うまで、購入を控えるべきでしょう。

また利率についても細心の注意が必要です。

債券投資の世界では、10年物の国債は長期国債と呼ばれており、それ以上のものは超長期国債と分類されます。これは何を意味しているのかというと、10年以上先のことを合理的に予測するのは不可能であるとプロの世界では認識されているということです。

投資のプロであっても10年先を読むのが難しいわけですから、ましてや30年先のことを予想するのは不可能です。

しかし住宅ローンには30年を超える商品があり、しかも変動金利になっているものも少なくありません。

変動金利は現在のような低金利の時代には、当初の支払いを少なくできますから、場合によっては魅力的な商品となりますが、その分、将来の金利上昇リスクを背負い込むことになります。

銀行によっては固定金利の商品をなかなか紹介してくれないところもあり、現実には変動金利を選択するケースが多いと思いますが、筆者のホンネでは変動金利はあまりお勧めできません。

頭金を多めに積み、比較的短期で、しかも固定金利でローンを組むというのが理想的です。これが無理でも、できるだけこのスタイルに近い組み方を模索することが重要でしょう。

新築と中古はどっちがいいの？

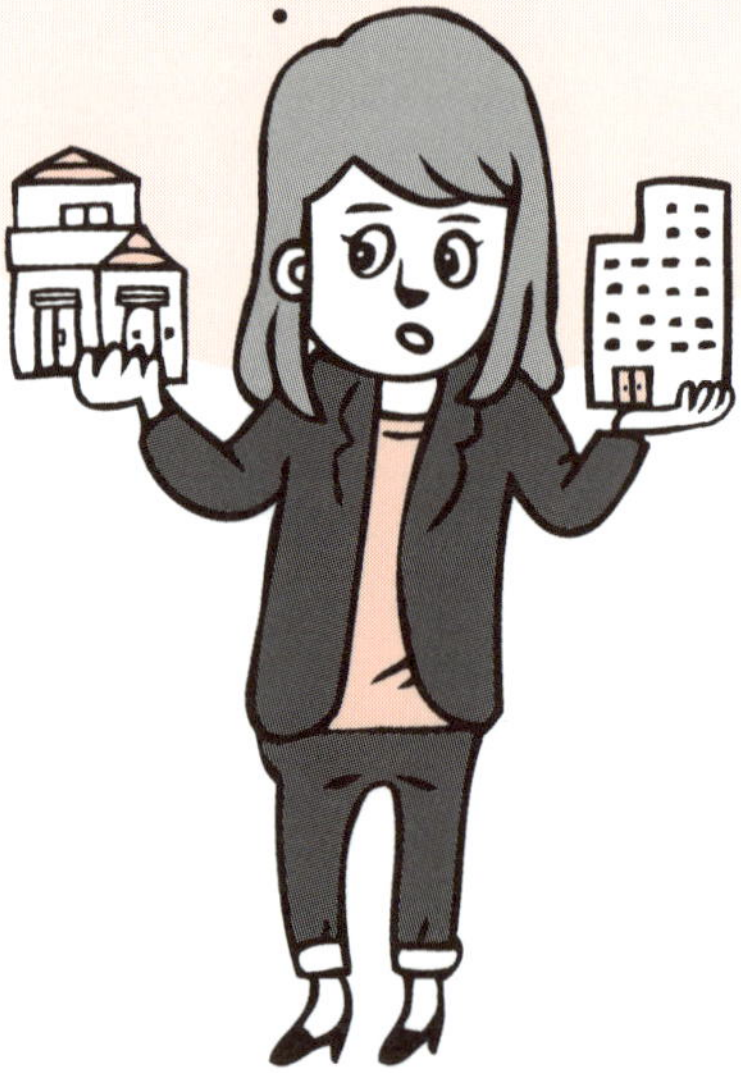

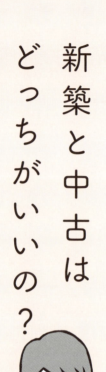

中古物件最大のメリットはコスト

マイホームを購入するにあたって新築でなければ嫌だという人は結構多いのですが、マイホームが投資だとするなら、その価値観はあらためたほうがよいでしょう。

これまでマイホームへの投資にあたって重要な項目について解説してきましたが、**場所や駅からの距離、管理状況、銀行への利子などを総合的に考えると、中古物件が有利になるケースが少なくありません。**

中古には中古のデメリットがありますが、最初から中古を除外してしまうということでは賢い投資家にはなれないでしょう。

中古物件の最大のメリットはやはりコストです。

一般に、新築の物件は中古の物件に比べてかなり割高です。機能としてはほぼ同じものを、わずかな年数の違いで高く購入するわけですから、この部分ではどうしても不利になってしまいます。

また新築の場合には、物件を見ずに購入しなければならないことがほとんどです。以前、杭打ちデータの偽装による傾斜マンションが社会問題となりましたが、新築の場合、こうしたリスクを100%排除することはできません。**現物を見ることができるというメリットはリスク管理という点では極めて大きいでしょう。**

先ほどから何度も指摘している利便性についても中古が有利になるケースが多くなっています。

日本ではほとんどの地域で宅地開発がおこなわれてしまい、いわゆる一等地でこれ以上マンションを建設する場所はありません。超一等地の再開発ということであれば話は別ですが、新築マンションのほとんどは相対的に不便な場所に建設されることになります。

一方、都市部の利便性の高い場所には、古くからマンションが建設されており、こうした物件は築年数が古いものの、割安でしかも資産価値が落ちにくいという特徴があります。**見た目も古く、間取りの悪いマンションでも、駅近など利便性が高ければ、すぐに借り手は見つかります。**資産価値という点では、こうした物件のほうが有利になる可能性は高いのです。

これまで日本は新築至上主義で政策も新築を優先していました。しかし経済構造が大きく変わったことで、政府の住宅政策も中古を重視する方向性に変わってきています。少なくとも物件を選ぶ際に新築しか検討しないということは避けたほうがよいと筆者は考えます。

もちろん中古には中古のデメリットがあります。もっとも大きいのは経年変化による設備の劣化でしょう。

中古物件では、配管などが劣化し、水漏れなどのトラブルが発生する確率が高くなります。もちろんこうしたトラブルは配管の交換などで対処すればよいのですが、構造によっては交換が難しかったり、思わぬコストがかかるケースが出てきます。

修繕費用がかさんでしまえば、せっかく安く購入できてもそのメリットを享受できなくなってしまいます。

中古特有のトラブルを回避するためには、物件に対する目利きが重要となりますが、これを身につけるためには少々、経験を積む必要があるでしょう。

たくさんの物件を見ていけば、自然とこうした知識は身についてきますから、過度に恐れる必要はありません。

投資に学習はつきものですから、不動産についてもより多くの物件を見て、勉強することが重要です。

不動産価格は
今後どうなるの？

郊外戸建て住宅はかなり厳しい

第４章の最後は、今後の不動産価格の推移について筆者の考えをまとめてみたいと思います。

不動産価格について考える際には、大きく分けて二つの要素について検討する必要があります。ひとつは今後のインフレ動向（つまり物価の上がり具合）、もうひとつは人口動態です。

本書ではすでに何度か指摘している通り、今後の日本では徐々にインフレが進む可能性が高くなっていると筆者は考えます。

インフレが進んで物価が上がってくると、固定ローンを組んで不動産を購入した人は相対的に有利になってきます。

物価が上がれば、徐々に自分の年収も上がっていくことになります。その分、モノの値段も上がりますから、生活がラクになるわけではありませんが、住宅ローンだけは話は別です。

物価が上がったとしても、ローンの返済額は変わりませんから、インフレが進むほどローンを組んでいる人は得をするわけです。

インフレが進む可能性が高いということであれば、住宅への投資は成功する確率がぐっと高まります。インフレを前提にするなら、住宅ローンを組んで家を買うことについて、前向きに検討してもよいと思います。

ただし日本の場合、そう単純な話にはなりません。もうひとつの要因である人口動態が非常によくない状況だからです。

人口減少と騒がれていますが、実は過去10年の日本の人口はほとんど減っていません。つまりこれまでの10年は人口減少社会ではなく、人口横ばい社会だったというのが正しい認識です。

しかしこれからの10年は、いよいよ人口の絶対値が減り始めます。人口が横ばいになっただけで、経済にはこれほどの影響があったわけですから、人口減少が本格化した場合の影響は極めて大きいと考えられます。特に不動産はその影響をモロに受けることになりますから要注意と言ってよいでしょう。

いくらインフレが進んでも、ニーズのない不動産の価格は、今後、大きく下落する可能性が高いと考えたほうがよさそうです。

場所にもよりますが、都市部から遠い、郊外の戸建て住宅の価格下落は、かなり激しいと思ってください。こうした物件は、今、割安だと思えても買わないほうが賢明です。今後さらに価格が下がるリスクが大きいからです。

すでにこうした物件を持っている人や、親から相続する予定がある人は、できるだけ早く売却し、別の投資対象に資金を振り分けることをお勧めします。

人口減少によるマイナスを最小限にするためには、とにかく都市部の物件を選ぶことが重要です。

首都圏でもできるだけ都心に近い、便利な場所のほうが資産価値を維持できる可能性が高いでしょう。地方の場合には、地方中核都市の中心部に近い場所が有利になります。駅に近い物件がよいことは言うまでもありません。

ひとつの考え方としては、**自分が賃貸住宅を借りると仮定し、自分が借りたいと思う物件を選ぶとよいでしょう。**

自分が賃貸を借りるとなれば、中心部から電車で何駅、駅から何分といった条件を厳しく吟味するはずです。この条件に合致する物件なら、自分で買っても資産価値を維持できることになります。

第5章

保険はどうしたらいいの？

そもそも保険は なぜ加入するの？

保険は人生のリスクヘッジ

保険には様々な商品があります。もっとも一般的なのは生命保険だと思いますが、たいていの場合、医療保険の特約がついています。中には貯蓄性の高いものもありますから、場合によっては投資商品にもなります。

しかしながら、保険がいろいろな顔を持っているということは、それだけ評価が難しいということでもあります。

これは保険に限った話ではありませんが、**投資や金融の世界において、複雑で多機能なことは、基本的にあまりよくないことだと思ってください。**これは非常に重要な概念ですから、しっかりと頭に入れておく必要があります。

金融商品では、為替やオプションなどを組み合わせた、いわゆる仕組み債と呼ばれる商品が、投資の初心者向けに売られていたりしますが、どんなに複雑な仕組みにしたところで、根本的にリスクを減らせるわけではありません。

最終的なリスクは、個別の商品のリスクの組み合わせですから、複雑にしたからといってリスクが軽減されることはないのです。

複雑な分だけ、どれだけリスクがあるのか、簡単に計算できなくなるだけです。

各種保険についても、生命保険は生命保険ですし、医療保険は医療保険、運用なら運用で、それぞれに有利不利があるだけで、複数を組み合わせたところで、何かが変わるわけではありません。保険会社のセールストークとしては、「病気も保障してくれますよ」「貯蓄にもなります」といったところになるのでしょうが、有利不利を比較するためには、単発の商品に分解して評価する以外に方法はなく、多機能な分だけ、評価が面倒になります。

そう考えると、保険という商品についても優先順位が出てくることになります。この本を読んでいる人は、投資について何らかの興味がある人だと思いますが、そうであれば、**運用性の高い保険の商品をわざわざ選ぶ必要はありません。運用は株式など別な手段でおこなえばよいからです。**

保険については、本来の目的である人生のリスクヘッジという部分に特化して商品を選択したほうがよいでしょう。

人生における最大のリスクは、若くして亡くなってしまうことです。もし家計の主な稼ぎ手の人が急に亡くなってしまうと、残された家族は路頭に迷ってしまいます。

これをカバーするのが生命保険ということになりますが、ここで多くの人は、思考停止におちいってしまいます。

誰かが亡くなった後に家族が困ってしまうというのが最大のリスクというなら、その状態を回避できるのであれば、必ずしも保険に頼る必要はありません。

もっとも手っ取り早いのは、夫婦がどちらも働き、同じだけの稼ぎを確保しておくことです。

夫婦共働きで、旦那さんと奥さんの両方がそれなりの収入を持っていれば、不幸にして片方が亡くなっても何とかなります。

保険という商品は、こうした人生のリスクに対して、金融的に対処するための存在であり、保険に入るということは、こうしたリスクヘッジ手段を、お金を出して買っているということになります。

両方が働けば家計の収入も増えて、しかもリスクヘッジになりますから、保険よりも圧倒的に有利であることは言うまでもありません。もちろん、全員がそうできるわけではありませんから、保険を否定するわけではないのですが、**一度、頭を白紙にして物事を考えることは重要なこと**だと筆者は考えます。

人はどのくらいの
確率で死ぬの？

人はそうそう亡くならない

生命保険は、万が一、家族が亡くなってしまったときに、金銭的なリスクを軽減するためのものですから、万が一というケースが、本当のところ、どの程度の確率で発生するのか、真剣に考える必要があります。

人は何％の確率で死ぬのかという話をすると、顔をしかめる人も多いのですが、本当に家族の幸せを考えているのなら、こうした話題から目をそむけてはいけません。あまり聞きたくない真実と向き合うことができるかどうかが、豊かな人生を送る試金石になると思ってください。

日本のような先進国では、実は人はそうそう亡くなりません。

例えば、60歳まで死亡保険金が出るタイプの商品に30歳で加入したと仮定しましょう。月々の保険料は１万５０００円だとすると、加入者は60歳までの間に合計で５４０万円のお金を保険会社に支払うことになります。保険金が６０００万円の場合、保険会社は加入者が死亡する確率を５４０万円／６０００万円で９％と計算していることになります。

しかし、現実に30歳の男性が60歳までに死亡する確率はもっと低く、両者の差額はすべて保険会社の儲けということになります。

40歳の男性が1年以内に死亡する確率はわずか0・1％、50歳になっても0・3％です。しかも30代における死因のトップは自殺ですし、40代になっても自殺は2位となっています。これは完全にセルフコントロールできる要因ですから、病気や不慮の事故で亡くなる可能性はさらに低いというのが現実です。

この死亡率を高いと見るか低いと見るかは人それぞれですが、意外と低いというのが多くの人の印象ではないでしょうか。

保険はイザというときのための商品なわけですが、イザという事態はそうそう発生しませんし、イザというときに必要な金額も人によって様々です。

配偶者にそれなりの収入があれば、高額の保険金がなくても対応できますから、保険に頼る部分はかなり減らせることになります。

保険に入る際に、月々の支払い金額を基準に加入を判断する人がいますが、これまでの話を考えれば、ナンセンスであることがおわかりいただけると思います。保険はリスクヘッジの商品ですから、**もっとも重要なのは、イザというときにいくらのお金**

が必要なのか、そのイザというときはどの程度の確率でやってくるのかということです。月あたりの支払額について考えるのはその後です。

また生命保険は年齢や資産額によっても変わってきます。

資産運用が着実に成果を上げ、50代になって1億円近くの資産を手にした人は、生命保険というものをほとんど必要としません。

あくまで生命保険というのは、若くてあまり資産がなく、確率が低いとはいえ、万が一という事態が発生したときに、対処する余力がない人のための商品と考えるべきでしょう。

医療保険も同様です。のちほど詳しく説明しますが、日本は公的な医療保険制度が整っています。保険料の滞納さえなければ、基本的に3割の自己負担で病院にかかることができます。

重篤な病気の場合には、高額療養費制度による補助もありますから、最終的にはさらに低い自己負担で治療することができます。

医療保険のかなりの部分はムダである可能性もありますから、むやみに高額な医療保険に入る必要はありません。

医療保険は本当に必要なの？

国民皆保険制度でほぼ安心

生命保険に加入すると、たいていの場合、医療保険の特約がついてきます。病気になると経済的に大変なことになると漠然と考えている人も多いのですが、この点についても、冷静な対応が必要です。

確かに、**難病によって経済的に苦しい立場に追い込まれる人もいるのですが、割合からするとごくまれであり、そのような事態にはそうそうおちいりません。**では一般論として、病気になった場合、どのくらいのお金が必要なのでしょうか。

先ほども説明したように、日本は国民皆保険制度が整っていますから、原則、3割の自己負担で病院にかかることができます。また治療費が一定水準を超えた場合には、その分については高額療養費制度が適用されます。**高額な治療がおこなわれたとしても、無制限にお金がかかるということはありません。**

しかし、病院に支払うお金の中で、保険が適用されないものもあります。その代表的な例が差額ベッド代です。

医療保険は大部屋に入院することが大前提ですから、個室に入りたいという場合には、その分について自己負担する必要があります。また薬の種類によっては保険がきかないものもありますから、これらを処方してもらいたいという場合には、自由診療となり、高額な費用がかかります。

しかし効果が高い治療法や薬は、ほぼ確実に保険の適用対象となりますから、ごく一般の人が、こうした自由診療による治療を受けなければならないというケースはほとんどないでしょう。

特別なサービスを受けたいという場合を除けば、高額な保険に入っていないと病院にかかれないということは原則としてないと思って大丈夫です。

もちろん、入院している期間は仕事ができませんから、自営業の人は収入がなくなってしまいますし、サラリーマンの人も、給料が減ってしまうかもしれません。しかし、このあたりは保険でカバーするというよりも貯金を持っておくことで対処できるものですから、保険とは少し次元の違う話になります。

一般的な疾患における平均入院期間は約1カ月ですが、これはあくまで平均値でしかありません。30代では15日、40代では25日となり、年齢が上がるにつれて入院期間は長くなってきます。

あまりはっきりとは言いたくないのですが、入院期間がかなりの長期になるのは、がんなど重篤な病気であることが多く、残念ながら、その後、長生きできる確率は低いというのが現実です。

何を言いたいのかというと、**治療して完全復帰できるような病気で、長期にわたって入院を強いられるというケースは非常に少ないということです。**

したがって、ごく普通の人であれば、１００万円くらいの資金があれば、仮に病気になったとしても、それほどあわてることなく、状況に対処することが可能です。保険のような金融商品で病気の問題をカバーしようという場合には、このあたりを基準に内容について検討してください。

そうすると、多くの人にとって高額な医療保険の特約はそれほど必要性が高いものとは言えなくなってきます。**すでに保険に入っている人は、特約が過剰になっていないか見直してみるとよいでしょう。**

これから保険に入るという人は、特約について、単発の掛け捨て商品として評価してみてください。掛け捨て商品としてあまり魅力的でないなら、わざわざ入る必要はないかもしれません。

貯金額はいくらが妥当なの？

100万〜200万円で大丈夫

保険のことを考えると、いろいろなことに気づくようになります。**必要以上の保険がムダであることがわかれば、必要以上の貯金もあまり意味がないことがわかってくると思います。**

多くの人はイザというときのことを心配して保険に入ったり、貯金をするわけですが、イザというときの状況を具体的に想定できている人はほとんどいません。実際にイザというときの状況をシミュレーションしてみるとわかりますが、**お金があっても、それで対処できる範囲は意外と狭いのです。**

もちろん、まとまった金額を貯金として持っておくことは、非常事態における最大の対処方法のひとつであることは間違いありません。

入院した場合には、給料が減ったり、なくなったりする場合がありますから、一定程度の貯金は必須と言えるでしょう。

会社をクビになった場合にも、蓄えがないと次の日からの生活費にも困ることになってしまいます。

しかし、貯金が多いからといって、こうした非常事態にすべて対処できるというわけではありません。

年収400万円で年間支出が350万円だった人が会社をクビになったと仮定しましょう。

収入がなくなったからといって、支出もゼロにすることは不可能です。家族がいれば、最低でも250万円程度の支出は覚悟する必要があるでしょう。仮に300万円の貯金があっても、それで食いつなげるのはわずか1年ちょっとです。その後は、何らかの形で収入を得る方法を探さなければなりません。

このようなときに頼りになるのは、お金ではなく、むしろ転職や独立がすぐに実現できるスキルや、頼れる知人・友人です。

つまり、貯金はある程度の水準があれば、それで十分なのです。

何らかの非常事態のために、運用資金とは別に100万~200万円程度の現金は持っておくべきだと筆者は考えます。しかし、それ以上の金額については、無理に現金のままにしておく必要はありません。

運用に回しているお金についても、株式など流動性の高いものであれば、必要なときにすぐに現金に換えることができますから、現金に準じるものと考えて差し支えないでしょう。

一方、**運用する資産が不動産などに偏っていると、イザというときに現金にできないという問題が発生します。**

筆者はこれまで何度か「流動性」という言葉を使ってきましたが、現金をどの程度、持っておくべきなのかは、資産全体の流動性にも大きく影響します。換金性の高い運用資産が中心なら、現金の比率は最低限でよいでしょうし、逆に流動性が低い資産が多い人は、現金の割合を上げておかなければなりません。

どのような保険に入るのか、どのような投資をするのか、貯金をいくらにするのかという問題は、実はすべて相互に関係しています。したがって、ひとつの項目だけを個別に検討することはできないのです。

保険などの金融商品の購入を検討するときには、投資や貯金、自分の仕事、パートナーの仕事など、総合的に考えるクセをつけてください。

第6章 具体的にはどのような投資がいいの？

インフレのリスクに
備えるには
コツコツ投資を

長い人生を乗り切るために

最終章では、これまでの話をもとに、具体的にどのような投資をしていけばよいのかについてお話ししたいと思います。多少、繰り返しになる部分がありますが、もっとも大事な部分でもありますので、ご容赦ください。

日本はすでに長寿大国となっていますが、日本人の寿命はまだ延びる可能性があります。人生１００年時代などとも言われますが、それに近い状況となる可能性は高いと見てよいでしょう。

一方、日本の社会保障のシステムは、ここまでの長寿社会を想定していませんでした。正確に言うと、予見はできていたのですが、基本的に何の対策もしてこなかったというのが現実です。

ここで政府の無策を批判しても意味はありません。批判して責任を追及することは政治的には重要かもしれませんが、すでに取り返しがつかない状況なので、責任を追及したところで改善は見込めないからです。

私たちはこうした現状を前提に物事を考えていかなければなりません。具体的には、**定年→年金生活という従来の人生設計をあらためめ、生涯労働という考え方に切り替えていく必要があります。**

当然のことながら、資産運用の考え方も変わります。

一生懸命貯金をして、老後はその蓄えを運用して年金の足しにするという考え方は成立しなくなります。人生は長く、一生涯働くわけですから、運用も継続的に行っていく必要が出てくることになります。つまり**生涯労働、生涯運用です。**

単純な貯金をお勧めできないのは、老後の概念が大きく変わったことに加え、インフレになる可能性を考慮する必要があるからです。

アベノミクスは意図的にインフレを起こして景気を回復させようという政策でしたが、残念ながらうまく機能しませんでした。多くの人は、今後もデフレが続くのではないかと考えているかもしれません。

確かに日本の景気がよくならず、その結果として物価が上がりにくいという点では、今後も同じような状況が続く可能性が高いでしょう。しかし、日本の場合、経済体力の低下や財政の悪化といった別の要因から、円安とインフレが進むリスクを考える必要があります。

景気はよくない状態が続いているにもかかわらず、ジワジワと物価が上がってしまうという、いわゆる悪いインフレです。

インフレになると、現金を持っている人は、物価上昇分だけ損をしてしまいます。インフレが進む場合には、現金の保有を避け、株式や不動産、ドルなどの外貨を保有しておかなければ資産を防衛することはできません。

自身の資産をしっかりと形成するという積極的な意味でも、インフレなどから資産を防衛するという消極的な意味においても、若いうちから、投資を継続することは非常に重要となっています。

これまでは、働いて給料をもらったら、その一部は貯金し、それを積み立てていくというのが一般常識でした。今後は、**一部を貯金するのではなく投資に回し、投資の残高を積み上げていく形が理想的です。**

当面の緊急事態に備えて現金は必要ですから、貯金も大事ですが、資産の多くを現金で保有しておくというのは、これからの時代はリスク要因になりかねません。コツコツ貯金ではなくコツコツ投資がキーワードです。

まずは100万円を
貯金し、
その後は投資を継続

貯金から投資モードにシフト

では具体的にどのような形で投資を進めていけばよいのでしょうか。

インフレになる可能性があるからといって現金をまったく持たないというのは、さすがにお勧めできません。第5章でも説明しましたが、一定金額の現金を持っておくことは、非常事態が発生したときの何よりの対策となります。

まずは、**何が起こってもとりあえず対処できるということを考え１００万円の貯金を作っておきましょう。**

世帯年収が６００万円以上あって家族がいる場合には、２００万円くらいはあったほうがよいかもしれません。このくらいの現金があれば、過剰な医療保険に入らなくても、当面の対処は可能です。

まずは一定額の貯金を作るという考え方は、これまでの一般常識と何も変わりません。違いはここからです。

１００万円の貯金ができた後は、毎月、貯金に回していたお金の一部を徐々に投資に振り向けていきます。つまり最低限の貯金ができたら、すぐに投資モードにシフトしていくわけです。

このとき、住宅をどうするのかによってやり方が大きく変わってきます。**住宅ローンを組んでマイホームを購入するという場合には、投資よりも頭金の貯金を優先したほうがよいでしょう。**第4章で解説しましたが、住宅ローンは金利の負担が重い商品です。できるだけ頭金を多くして、返済期間を短くする必要があります。

マイホームの購入は多くの人にとって、最大規模の投資です。消費ではなく投資と書いている点に注目してください。どのような感覚で家を購入したとしても、それは不動産への支出ですから投資となります。

マイホームは利子も含めると金額が極めて大きいですから、住宅ローンを組んでしまうと、可処分所得の多くがローンの返済に回ってしまいます。つまり、家を買った人は、投資のポートフォリオのほとんどをマイホームという不動産が占めるという結果にならざるを得ません。

多くの人は、分散投資という言葉を一度は聞いたことがあると思います。**投資で失敗しないためには、ひとつのカゴにタマゴを全部盛らずに、分散したほうがよいという考え方です。**

マイホームの購入は、望むと望まざるとにかかわらず、不動産という特定の資産に投資を集中させるというハイリスクな行為であり、分散投資とは対極に位置します。

筆者は分散投資が絶対に正しいとは思っていません。必要に応じて投資対象を集中させることは悪いことではないと考えています。

ただ、集中投資をする以上は、その投資で失敗することは許されません。こうした投資はしっかりとした確信があるときだけに限定すべきでしょう。

もし家を買うなら、将来にわたって確実に収益が上がり、イザというときにはいつでも売却できる物件であることが条件となります。

これに合致する物件に出会えたと確信できるのであれば、思い切ってローンを組んで購入してもよいでしょう。

確信が得られないのであれば、その物件については慎重になったほうがよいかもしれません。

住宅ローンを組んだとしても、多少の余裕資金を捻出できる金額に抑えることは重要です。そこで得られた資金は少額でも株式などの投資に回していくことが大事だからです。

優良企業の株に投資してみる

最初の投資先は業績のよさで選ぶ

イザ投資をスタートするといっても、何を買ったらよいのかわからないという人は多いと思います。

本書では何度か指摘しているのですが、よくわからないからといって、投資信託を買ってしまうというやり方はあまりお勧めできません。投資信託は銘柄の選別から運用管理まで、すべて運用会社にお任せできる商品ですが、初心者の段階で他人にすべてを任せてしまうと、投資について学ぶ機会を失ってしまいます。

投資信託で様子を見てから、個別銘柄を検討するという考えもありますが、実際にはなかなかそうはいきません。

クルマの免許を取ったばかりの人は、初心者ですから不安も大きいのですが、それを払拭するには、実際に道路に出て運転の経験を積むしか方法はありません。投資も同じで、**投資に慣れるもっともよい方法は市場に出てみることなのです。**

資金的に余裕がなく、あまりにも忙しいといった事情がある人は、のちほど説明しますが指数に連動したインデックス型の上場投信を買うといったやり方もあると思います。しかし、最初は個別銘柄を買ってみることが大事です。

個別銘柄には単元株という制度があり、売買に際して最低限必要とされる単位というのが決まっています。

例えばトヨタ自動車の単元株は100株ですが、この原稿を書いている2017年9月時点ではトヨタの株価は6400円ですから、トヨタの株を買うためには64万円の資金が必要となります。お金がない人にとってはちょっと敷居が高い銘柄かもしれません。

一方、メガバンクの三菱UFJフィナンシャル・グループの株価は680円で、単元株は100株ですから、10万円以内で投資が可能です。

制約なしで投資をしようという場合には100万円あると理想的ですが、結構な金額ですので、株価の安い銘柄を中心に10万円くらいからスタートするのがよいでしょう。

銘柄を選ぶ方法は第3章でも解説したようにいろいろあります。最初はどんな理由でもよいですから買ってみることが大事ですが、**初心者のうちは、業績がよい銘柄というのを重視したほうがよいと思います。**

長期にわたってよい業績を継続している会社は、急に業績が悪化して株価が暴落するというリスクが少ないからです。そうなってくると、たいていの場合、誰でも知っている会社が候補にあがってくるはずです。

それと**可能な限り、しっかりと配当を出している会社を選択したほうがよいでしょう。**実際に配当をもらうと会社の株式を買っている実感が湧いてきますし、チリも積もればなので、長期になればなるほど、もらえる配当の総額も大きくなります。

整理すると、**業績がよい状態が継続していて、配当もあり、多くの人が知っている企業というのが、最初に投資する銘柄の最有力候補ということになります。**

トヨタや日産といった製造業にするのか、セブン&アイ・ホールディングスやソフトバンクといったサービス業にするのかは、まさに個人の好き嫌いです。製造業が好きなら製造業の中から選べばよいですし、コンビニが好きならコンビニ銘柄から選べばよいと思います。

自分がお金を預けている銀行の株を買ってもよいかもしれません。とにかく第一歩を踏み出すことが重要です。

初心者だからこそ外国株を買おう

世界的な著名企業に投資する意味

投資の初心者に外国株はどうでしょうか？　と勧めるとたいていの場合、驚いた顔をされます。投資の中級者でも同じで、外国株に対して抵抗感を持つ人は少なくないのです。

しかし、最初の投資対象となる銘柄が日本企業である必要はまったくありません。**いきなり外国株を買ってもまったく問題ありませんし、むしろ、そのほうがリスクが低い可能性も十分にあり得ます。**

株式投資というのは、あくまでその企業の業績や将来性など経営に対して投資をするという考え方が基本となります。

国内市場に上場している、それほど有名ではない企業の将来性と、グローバルに事業を展開している超有名企業を比較した場合、どちらが安定的に経営していて、将来性が高いでしょうか。後者であることは明らかです。

多くの人はパソコンを持っていると思いますが、Ｍａｃを製造しているアップルやＷｉｎｄｏｗｓを提供しているマイクロソフト、ウィンドウズパソコンの半導体を製造しているインテルがなくなってしまったら、この世からパソコンが消滅してしまいます。

P&G（プロクター・アンド・ギャンブル）は米国の会社ですが、日本を含め、世界各国で日用品を売る巨大企業です。P&Gへの投資が危険なら、日本企業で投資できるところはほとんどなくなってしまうでしょう。

アマゾンやグーグル、GE（ゼネラルエレクトリック）、ゴールドマンサックスなど、外国株には、日本企業とは比較にならない程、規模が大きく、高い業績を上げている著名企業がたくさんあります。

投資は身近な感覚を大事にしたほうがうまくいきます。日常生活でよく名前を耳にしている企業のほうがそうでない企業よりも、うまくいく可能性は高いと思ってください。相場に対する先入観がない初心者であれば、なおさらのこと、こうした世界的な著名企業に投資する意味があります。

外国株と聞くと、為替が心配になる人もいるでしょう。

確かに日本円以外の通貨の場合、為替が変動すると、投資収益も上下してしまいます。しかし、米国にあるグローバル企業に投資をしているのであれば、ドル高になるとその企業の業績は低下する可能性があり、株価も下がるかもしれませんが、その分、円安になって日本円ベースでの影響は緩和されます。逆に円高になったときにはドル安ですから、業績が拡大し、円高の影響を緩和してくれます。

各国の市場は連動していますから、ドルやユーロというメジャー通貨であれば、そして投資対象となる企業がグローバルな優良企業であれば、為替の違いはかなり吸収されると思ってください。

さらに長いスパンで考えた場合、円安リスクも無視できません。

米国は、基本的に経済が好調で、人口も増えている国ですから、ドルは強く推移する可能性が高いでしょう。

一方、日本は人口が減り、経済が縮小傾向で、しかも財政的にかなり厳しい状況にあります。為替が円安方向に進む可能性は高く、そうなったときには、米国企業への投資は大きな利益になります。

総合的に考えると、**外国の優良企業への投資には多くのメリットがあり、むしろデメリットが少ないという特徴があります。**国が違うからといって、あまり難しく考える必要はないのです。

株は下がったほうがいいと考える

下落や上昇でメンタルは強くなる

投資は利益を上げるためにおこなうものですから、買った株が下がるのはよいことではありません。しかし、投資の初心者であれば、株が下がることは、むしろ歓迎すべきことです。

その理由は、**株価が下がって資産が減ってしまったときの感覚をできるだけ早く体験しておくことが大事だからです。**

投資というものは、基本的に上がるか下がるのかに二つにひとつですから、極論すると、結果は半々になりそうなイメージがあります。ところが現実の投資はそうではなく、**投資した人の8割が損をしているとも言われます。**

株式は平均すると6％のリターンがあるわけですから、この結果は少し腑に落ちません。おそらくですが、8割の人が損をしてしまうのは、株価が下がったときの精神的な負担に耐えきれず、しばらく待てば株価が回復するにもかかわらずパニックで売ってしまうなど、合理的に行動できていないことが原因です。

損をした後に、それを取り返そうと、過剰なリスクを取って無理な投資をするといったパターンもあるでしょう。

投資とギャンブルは本質的に異なるものですが、メンタルな部分については似たような部分が存在します。**投資で大きく損をする人には、ギャンブルで大きなお金を失う人と同じような心理的メカニズムが作用しているのです。**

この気持ちは、実際に株価の下落を経験しないとなかなか実感できません。

筆者もそうでしたが、持っている株の値段が大きく下がると、精神的にかなり揺さぶられます。筆者は投資会社に勤務した経験がありますが、サラリーマンとして投資をすることと、自分のお金をかけて投資をすることには雲泥の差があります。

この感覚をよく理解しないまま投資を進めてしまうと、大きな金額の損失を出してしまったときには、多くの人が冷静でいられません。最初のうちに下落する経験をしておくのがよいと言ったのはこのような理由からです。

上がったときの感覚も大事です。

株価が上がったときの感覚は人によって真っ二つです。

どんどん強気になり、これからもさらに上がると考える人と、もうこれ以上、上がらないだろうと考える人に分かれてしまうはずです。

下手に強気になって過剰に投資金額を増やすのもダメですが、一方で、これ以上、上がらないと思って手じまいすると、たいていの場合、その後、さらに株価が上がって悔しい思いをします。

相場にはトレンド（流れ）というものがあり、ひとたび上昇が始まるとしばらくの間、流れが継続する可能性が高くなります。

これ以上、株価は上がらないと皆が思っているうちは、スルスルと株価は上がっていきます。本当に下落するのは、全員が楽観的になり、株価のさらなる上昇について誰も疑わなくなったときです。

下落も同じで、もう大丈夫だろうと思っても、たいていの場合、まだまだ下がります。皆が悲観一色となったときが反転のタイミングになると考えてよいでしょう。

どこまで上がるのか、どこまで下がるのかという感覚も、実際に体験してみないとなかなか理解しづらいものです。**これらの体験を一通りこなせば、たいていの局面において冷静に対処できると思います。**

投資を本格化させるのは、そこからでも遅くはありません。とにかく最初は体験してみることが重要です。

インデックス商品を活用しよう

為替変動に一喜一憂しないノウハウ

投資資金が少なく自由に銘柄を選べない、あるいはあまりにも忙しくて銘柄を選択しているヒマがまったくないという人は、インデックス（株価指数）に連動したＥＴＦ（上場投資信託）を購入するというのもひとつの選択肢となるでしょう。

インデックス連動型ＥＴＦというのは、日経平均やＴＯＰＩＸといった株価指数と同じ動きになるよう設計されたＥＴＦです。上場している商品なので、いつでも証券会社を通じて売買することが可能です。

日経平均株価は、上場している優良銘柄２２５社の株価を単純平均したものですから、これに連動するＥＴＦを買っておけば、２２５社に分散投資したのと同じ効果が得られます。

ＴＯＰＩＸの場合は、東証一部に上場しているすべての銘柄の加重平均なので、一部銘柄全体に投資をしていると考えてよいでしょう。

ＥＴＦは上場していますが、投資信託の商品ですので、保有期間中は信託報酬がかかります。しかし、インデックスへの投資は機械的にできますから、他の一般的な投資信託と比較すると手数料を大幅に安くできます。

長期になればなるほど、手数料の差は大きく効いてきますから、投資信託ではあるものの、ＥＴＦはかなり有利な商品と言ってよいでしょう。

こうしたインデックス投資は、国際的な分散投資にも応用できます。

例えば日本株のインデックスを40％、ダウ平均など外国株のインデックスを40％、残りの20％をリスクヘッジとして金などの商品ＥＴＦに割り振って投資をすれば、たちまち機関投資家のようなポートフォリオが出来上がります。

私たちが支払っている年金は、ＧＰＩＦ（年金積立金管理運用独立行政法人）という組織が運用しているのですが、ＧＰＩＦのポートフォリオは、国内株が22％、外国株が21％、国債が36％、外国債が12％という構成になっています。巨額の資金を運用していますから、債券の割合が高くなっていますが、日本株と外国株の比率は約半々です。

日本株と外国株の比率については、市場の大きさで考えると1対8くらいでもよく、中にはポートフォリオの多くを外国株のインデックスに割り当てている人もいます。このあたりは好き嫌いもありますから、好みで決めてもよいと思いますが、将来の市場環境を考えた場合、また、簡単にポートフォリオを組めるというＥＴＦのメリットを考えた場合、外国株インデックスの比率を高めることには、それなりの意味があるでしょう。

日本株と外国株でポートフォリオを組んでみると、為替が動いたときに、価格がどう変化するのか、実感として理解できるようになります。

先ほど説明したように、為替と企業の業績は、お互いの影響を相殺する動きになることが多く、ポートフォリオ全体は思ったほど為替の影響を受けません。こうした状況を実感として理解できていれば、為替の変動で一喜一憂する必要がないこともよくわかってくると思います。

為替が動いて大騒ぎしているのは、国際的な分散投資の経験がない人か、ＦＸのように為替の動きひとつにすべてを賭けるような投資をしている人のどちらかです。

こうした感覚はまさに投資のノウハウなのですが、ノウハウというものは、たいていの場合、実践した人にしか蓄積されません。

NISAを活用して税金をセーブする

投資は利益が出た後が大事

投資に多少関心のある人なら、ＮＩＳＡという言葉を一度は耳にしたことがあると思います。しかしながら、中身はよくわからないという人が大半ではないでしょうか。

ＮＩＳＡ（少額投資非課税制度）というのは、投資元本が年間１２０万円までならば、株や株式投信の値上がり益、配当・分配金にかかる税金が５年間非課税になるという制度です。

投資を始める前の段階では、利益が出た後のことはあまり考えないものですが、実は投資というのは、投資した後のほうが大事です。

利益が出た株式を売却すると約20％のキャピタルゲイン課税が発生しますが、この金額は結構バカになりません。１００万円を投資して数年後に１５０万円になっても、利益の50万円には10万円の税金がかかりますから、手元に残るお金は40万円に減ってしまいます。

配当も同じです。

２％の配当がある１００万円の株式を５年間保有すれば、配当総額は10万円になりますが、ここにも20%の税金がかかりますから手元に残るのは8万円です。

配当が2%で、投資金額が100万円の株を5年間保有し、株価が1・5倍に値上がりしていた場合には、総額で12万円も税金が取られてしまいます。12万円あれば、どれだけのことにお金が使えるか想像してみてください。

NISAであれば、これらがすべて免除されるわけですから、投資家にとってはかなりのメリットがあります。

2018年1月からは、積み立て型の長期投資に適した「積み立てNISA」もスタートします。

積み立てNISAは、年間の投資金額が40万円に制限されますが、期間が20年と大幅に長くなっています。**毎年、少しずつ、投資残高を増やしていくスタイルには最適の制度です。**

ただ積み立てNISAの場合には、一定の要件を満たした金融商品しか対象にならないといった制約がありますから、どちらを使ったほうがよいのかはじっくり検討する必要があるでしょう。

よいことばかりに思えるNISAですが、実際に利用するにあたっては注意すべき点もあります。それは5年あるいは20年という期間制限です。

NISAの場合は投資してから5年、積み立てNISAの場合には20年が経過してしまうと、非課税のメリットがなくなり、通常と同じように税金がかかってしまいます。

例えば投資から5年が経過し、少し利益が出ている銘柄があると仮定しましょう。このとき、NISAの口座だった場合、来年になると税金がかかってしまうからといって売却を急いでしまう可能性があります。しかし株式投資の目的は資産形成であって、税金の節約ではありません。来年以降もさらに株価が上昇するのであれば、ずっと保有を続けたほうが圧倒的に有利です。

売却のタイミングはいつがよいのかを判断するのはプロでも難しいのですが、NISAの場合には節税という別の要素が関係してくるため、その判断が狂ってしまう可能性があるのです。利用する側としては、過度に免税のことを考えないようにする工夫が必要でしょう。

おわりに

人間というのは、想像以上に過去の経験に縛られる生き物です。

高度成長期に育った人は、成長し続けるのが当たり前という感覚から抜け出すことができず、バブル崩壊をきっかけに経済の基本構造が変わってしまった現実をなかなか理解することができませんでした。

しかし、この話はどの世代の人にもあてはまります。

今の若い世代の人は、不景気なのが当たり前で物価は上がらないものだと思っていますが、これも自身の経験からくる根拠のないイメージです。現実の物価は、いつ上昇に転じてもおかしくありません。

先ほど筆者は「高度成長期に育った人」とひとくくりにしましたが、実はバブル以前の世代の中にも、大きな断絶が存在します。１９７０年より前と後では、経済の構造が大きく変わっているからです。

１９７０年より前は、本当の意味での高度成長で、毎年経済は拡大し、給料も上がり続けましたから、人々は生活の豊かさを実感することができました。しかし１９７

0年代に発生したオイルショックは、こうした状況を一変させます。インフレが進行し、人々の生活実感は一気に苦しくなりました。1970年以前の時代と比較して「低成長時代」という言葉が盛んに使われ、今とまったく同じように、若者と中高年の感覚の断絶が当時のマスメディアで話題となっていました。

結局のところ、いつの時代においても、多くの人は自分の経験に縛られ、異なる世代の人とのギャップを感じているだけなのです。

この話は、最近、ネットでよく話題になっている、若者と中高年の電話論争にも通じるところがあります。

企業の現場では、むやみやたらに電話をかけてくる中高年の上司に対して、若い世代の社員は、なぜSNSやメールですむ用事をわざわざ電話で連絡してくるの？と中高年社員を煙たがっています。

一方、若い社員の中には、電話で連絡すべき事項（内容が込み入っていて、かつ緊急性が高い案件）についても、電話を使わない、あるいは使えない人が出てきているそうです。

実は、電話をやたらかけてくる40代、50代の社員がまだ20代だったころ、彼らは手紙をきちんと書けないといって、さらにその上の世代からかなり強烈なバッシングを受けていました。

結局のところ、どの世代の人も、自分が若いときに慣れ親しんだツールから抜け出すことができず、下の人をバッシングしているにすぎません。おそらくSNSに慣れ親しんだ今の若年層の一部は、20年後、新しいツールについていけず、それらを使いこなす、さらに下の世代をバッシングしていることでしょう。

ツールやテクノロジーには、それぞれが持つ物理的な機能や特徴があり、それに応じた最適な使い方というものが存在します。これらは本来、時代とは関係ないものですが、人々はそう認識することができません。

筆者は、ここで世代間論争をしたいわけではありません。自身の価値観や経験値を過度に信用してはいけないということを言いたいのです。

資産形成についてもまったく同じことが言えます。今の常識は10年後の常識とは限りません。常に社会や経済は変化するということを大前提に、どのような変化が生じても、常に対応できるよう準備しておくことが重要です。

失われた20年を経て、日本社会は再び大きく変わろうとしています。残念ながら、あまり輝かしい未来を想像できる状況ではありませんが、そうであればこそ、資産防衛という意味での投資の重要性はさらに高まってくるでしょう。

今までなら「投資には興味があるけど、怖いし、面倒だし、まあいいか」というのが当たり前だったかもしれません。しかし、その常識はもはや通用しないと思ったほうがよいでしょう。本当に臆病な人なら、最悪の事態は回避したいはずですから、むしろ最初の一歩を踏み出すことができるはずです。

すべてに通じることですが、この世において経験に勝るものはありません。少額でよいですから、現実の投資を経験すれば、世界は大きく開けてくるはずです。

10年後あるいは30年後、皆さんが笑顔で暮らせることを筆者は強く願っています。

2017年12月

加谷珪一

加谷珪一（かや・けいいち）

経済評論家
東北大学工学部原子核工学科卒業後、日経BP社に記者として入社。
野村證券グループの投資ファンド運用会社に転じ、企業評価や投資業務を担当。独立後は、中央省庁や政府系金融機関などに対するコンサルティング業務に従事。現在は、経済、金融、ビジネス、ITなど多方面の分野で執筆活動を行っており、ニューズウィーク（Web）、現代ビジネスなど多くの媒体で連載を持つ。億単位の資産を運用する個人投資家でもある。
著書に『ポスト・アベノミクス時代の新しいお金の増やし方』（ビジネス社刊）、『「教養」として身につけておきたい戦争と経済の本質』（総合法令出版刊）、『お金持ちの教科書』（CCCメディアハウス刊）、『お金は「歴史」で儲けなさい』（朝日新聞出版刊）、『株で勝ち続ける人の常識　負ける人の常識』（KADOKAWA刊）、『感じる経済学 コンビニでコーヒーが成功して、ドーナツがダメな理由』（SBクリエイティブ刊）、『世界のお金持ちが20代からやってきた お金を生む法則』（ダイヤモンド社刊）、『ホンモノを見分けられる人に、お金は転がり込んでくる！』（ぱる出版刊）などがある。

加谷珪一オフィシャルサイト
http://k-kaya.com/

臆病な金融ド素人がお金を増やそうと思ったら

2017年12月18日 第1版第1刷発行

著　者　加谷珪一
発行者　玉越直人
発行所　WAVE出版
〒102-0074　東京都千代田区九段南3-9-12
TEL 03-3261-3713　FAX 03-3261-3823
振替 00100-7-366376
E-mail: info@wave-publishers.co.jp
http://www.wave-publishers.co.jp
印刷・製本　シナノパブリッシングプレス

NDC914 190p ISBN978-4-86621-091-9

ＷＡＶＥ出版「お金」の本

正しい家計管理
林總 著

『餃子屋と高級フレンチでは、どちらが儲かるか？』他ベストセラー著者の、まったく新しい家計の本！

ISBN 978-4-87290-672-1

正しい家計管理・長期プラン編
老後のお金
林總 著

死ぬまで黒字家計でいられる、
考え抜かれた管理法！

ISBN 978-4-87290-771-1

お金の大事な話
「稼ぐ×貯まる×増える」のヒミツ
泉正人 著

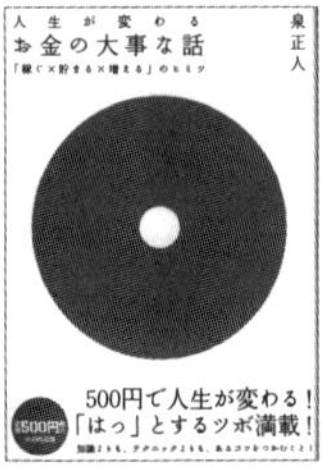

ささいなことに見えて、
実は人生を左右する「お金のコツ」
があった！

ISBN 978-4-87290-446-8

お金の教養
お金が増える７つの法則と仕組み
泉正人 著

お金のプロが優しく教える。
絶対に知っておきたい７つの知恵。

ISBN 978-4-87290-773-5